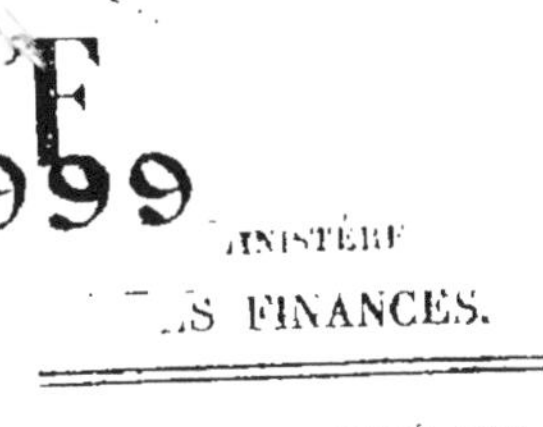

MINISTÈRE
DES FINANCES.

INSPECTION GÉNÉRALE.

CONTRIBUTIONS INDIRECTES.

SERVICE

DES DIRECTEURS, SOUS-DIRECTEURS

ET INSPECTEURS.

NOTE PRATIQUE

POUR SERVIR

AUX VÉRIFICATIONS DE L'INSPECTION GÉNÉRALE DES FINANCES

Fin. Imp. Série I. b. n° 97. (Mai 1880.)

MINISTÈRE
DES FINANCES.

INSPECTION GÉNÉRALE.

CONTRIBUTIONS INDIRECTES.

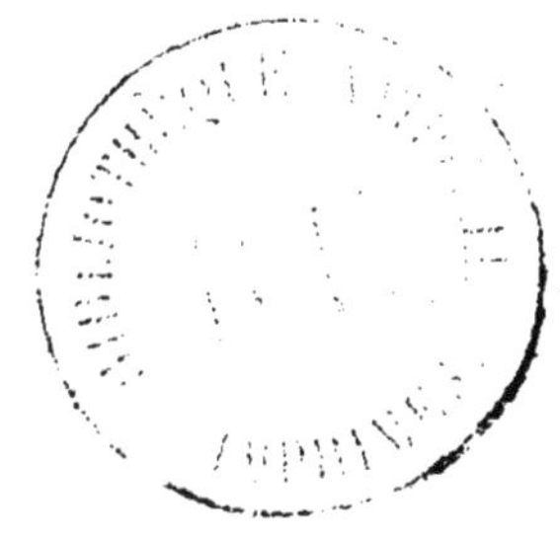 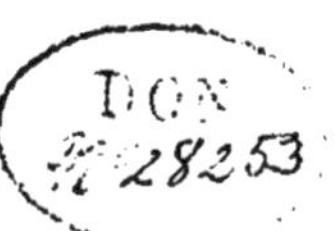

SERVICE

DES DIRECTEURS, SOUS-DIRECTEURS

ET INSPECTEURS.

NOTE PRATIQUE

POUR SERVIR

AUX VÉRIFICATIONS DE L'INSPECTION GÉNÉRALE DES FINANCES,

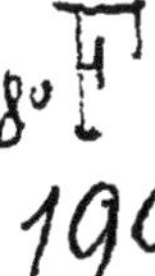

Fin. Imp. Série L b. n° 97. (Mai 1880.)

DIRECTION GÉNÉRALE

SERVICE

DES CHEFS, SOUS-DIRECTEURS

ET INSPECTEURS

GUIDE PRATIQUE

POUR SERVIR

CONTRIBUTIONS INDIRECTES.

SERVICE DES DIRECTEURS.

CHAPITRE II

ORGANISATION — PERSONNEL

CHAPITRE Ier.

ATTRIBUTIONS GÉNÉRALES.

Administrateur supérieur de tout le service du département, le directeur correspond seul avec l'Administration et les chefs départementaux des divers services publics ; il peut correspondre direc tement avec tous les agents placés sous ses ordres, mais il emploie d'ordinaire l'intermédiaire des sous-directeurs dans les arrondissements qui constituent une sous-direction. (Circ. 17, du 16 mars 1870.)

Il peut adresser des instructions générales à tous les agents du département.

Il ne doit pas se borner à faire des recommandations et à donner des ordres; il doit s'assurer de leur exécution et de leur effet.

L'intérim de la direction est confié, le cas échéant, à l'inspecteur le plus ancien dans la classe la plus élevée.

Le directeur n'est pas seulement le chef supérieur du service départemental : il a les attributions des sous-directeurs dans la circonscription du chef-lieu. (Voir à cet égard la note de la sous-direction.)

Un sous-directeur lui est adjoint dans quelques départements avec des attributions variables et souvent peu définies. (Se faire communiquer à ce sujet la correspondance de l'Administration.)

CHAPITRE II.

ORGANISATION. —— PERSONNEL.

Le directeur apprécie les besoins du service au point de vue de l'organisation.

Il a seul autorité sur les inspecteurs et sous-directeurs. Il fait tenir un registre de tous les employés soumis à un cautionnement, et n'en installe aucun sans s'assurer que le cautionnement a été versé. (Circ. du 23 mars 1832.)

Il fournit lui-même un cautionnement de 10,000 francs. (Circ. 259, du 25 janvier 1879.)

Il nomme aux recettes buralistes et aux recettes-débits dont le produit ne dépasse pas 800 francs, dans les localités où la population agglomérée est inférieure à 1,500 habitants. (Circ. 17.)

Il commissionne les préposés secondaires des sucres et des sels, leur accorde des congés.

Il tient pour l'ensemble du département le registre matricule des employés par grade, y mentionne les congés accordés et la cause de leur délivrance; il tient aussi le registre matricule des buralistes, débitants de tabac, de poudres à feu et de cartes. (Circ. 310, du 1er août 1855, et 205, du 11 mai 1854.)

Un dossier individuel est formé à la direction pour tous les employés; il suit ceux qui passent d'un département dans un autre. (Circ. lith. du 25 août 1855.)

Le directeur établit les feuilles signalétiques 137 A pour les sous-directeurs, inspecteurs et commis attachés aux bureaux de la direction; il les transmet à l'Administration du 1er au 10 juillet, avec celles qui lui sont adressées par les sous-directeurs, inspecteurs sédentaires ou des sucres, contrôleurs, etc. Ces dernières doivent être annotées par lui.

Au commencement de chaque année, il fournit les tableaux d'avancement 137 C. Il conserve dans les archives de la direction ceux qui lui sont transmis du 1er au 5 janvier par les sous-directeurs, inspecteurs sédentaires et inspecteurs des sucres. (Circ. 212, du 7 juillet 1877.)

Il doit être informé sans retard de tous les mouvements du personnel, connaître autant que possible les employés personnellement, leur être facilement accessible, juger par lui-même de leur aptitude, entendre leurs observations, écouter leurs demandes. (Circ. 310, du 1er août 1855.)

Un roulement doit être être établi entre le personnel du service actif et celui des bureaux pour que les employés joignent la théorie à la pratique. (Circ. 212, du 7 juillet 1877.) Il convient aussi que les

[illegible]

CHAPITRE II.

[illegible]

[illegible]

commis de bureaux ne restent pas cantonnés dans une spécialité, et qu'ils soient placés successivement dans les divers services de la direction (service général, acquits-à-caution, comptabilité, contentieux, etc.).

Le directeur doit se préoccuper du travail, de la conduite et de la tenue de ses subordonnés. Il recherche s'ils ne contractent pas de dettes, notamment vis-à-vis d'assujettis ou de comptables soumis à leur surveillance.

Il préside aux épreuves des agents proposés pour le contrôle, ou délègue un inspecteur à cet effet. Les commis de bureaux ayant grade de commis principal de première classe et ceux de deuxième classe qui ont deux ans d'ancienneté doivent participer à ces épreuves, à moins de motifs spéciaux.

Les surnuméraires ne doivent pas être employés à des travaux d'écritures sans intérêt pour leur instruction. Tout surnuméraire, pendant les deux ou trois premiers mois de son stage, est attaché à une recette buraliste importante pour s'instruire et non pour éviter aux receveurs des frais de commis. Il subit ensuite, en présence du directeur et de l'inspecteur assisté du contrôleur (dans les arrondissements, en présence du sous-directeur assisté du receveur principal ou du contrôleur), un examen écrit et oral portant sur la tenue d'une recette buraliste. Les épreuves écrites sont adressées à l'Administration avec un rapport 132. (L. C. 28, du 5 septembre 1876.)

Pour les prestations de serment et droits d'enregistrement corrélatifs, voir la circulaire 215 du 23 juillet 1877; pour la situation militaire des employés et les états de contrôle des dispensés à tenir dans chaque direction, voir les circulaires 182 du 8 février 1876 et 224 du 9 novembre 1877.

CHAPITRE III.

TOURNÉES DU DIRECTEUR.

Ces tournées ont lieu aussi bien dans les postes relevant des sous-directions que dans ceux qui appartiennent à la circonscription administrative du chef-lieu, mais le contrôle du directeur porte plus particulièrement sur ces derniers et sur le service des sous-directeurs et des comptables supérieurs.

Il convient de choisir de préférence les agents installés depuis la dernière tournée.

Le nombre des jours consacrés aux vérifications extérieures dans les départements qui comprennent une sous-direction doit être, au maximum :

De 10 dans les départements comptant en dehors du chef-lieu, de. . . . . 12 à 20 résid⁰ᵉˢ d'employés.

De 12 dans ceux qui en contiennent de.. 21 à 25 ————————————

De 15 ———————————————— de.. 26 à 30 ————————————

De 18 ———————————————— de.. 31 à 35 ————————————

De 20 ———————————————— . .. 36 et plus————————————

S'il n'y a pas de sous-direction dans le département, le maximum est le même que pour les sous-directeurs. (Voir la note sur le service de la sous-direction.)

Le directeur touche une indemnité de 20 francs par jour.

Les résultats des vérifications chez les receveurs particuliers, receveurs principaux, entreposeurs, sont consignés sur des états 86 G et 86 H (Service général), 72 C (Tabacs et poudres), avec des appréciations sur la tenue de la comptabilité, la conservation des matières, le travail, la conduite et l'honorabilité des comptables.

Les autres vérifications donnent lieu à la rédaction de rapports 105 B, où sont passées en revue les différentes parties du service et qui donnent des renseignements sur la situation personnelle des employés.

Ces états ou rapports sont transmis à l'Administration dans les dix jours qui suivent la tournée.

L'Administration transmet par lettre les recommandations et critiques auxquelles donnent lieu ces productions. (Circ. 282, du 12 décembre 1879

[illegible]

[illegible]

CHAPITRE

[illegible]

CHAPITRE

[illegible]

[illegible]

[illegible]

[illegible]

[illegible]

[illegible]

[illegible]

[illegible]

[illegible]

[illegible]

[illegible]

.En règle générale, le directeur ne se fait pas accompagner dans ses tournées par les chefs divisionnaires. (Circ. 310, du 1er août 1855.)

Il effectue chez les comptables supérieurs de sa résidence (receveurs principaux, entreposeurs) les vérifications de fin de mois, ou se fait suppléer par un inspecteur. (Circ. 17.)

Il assiste ou délègue un inspecteur pour assister à l'inventaire général des impressions, vignettes et instruments fait en fin d'année chez le receveur principal de sa résidence. (Circ. 171, du 2 septembre 1875.)

CHAPITRE IV.

DIRECTION ET SURVEILLANCE DU TRAVAIL DES INSPECTEURS.

A la fin de chaque mois, le directeur détermine les vérifications à faire pendant le mois suivant par les inspecteurs de département, en réglant leurs tournées de telle sorte que les postes soient visités successivement par chacun d'eux.

Il tient un registre où il dépouille, d'après les rapports 86 A, les journées d'écritures consacrées par les inspecteurs tant à des travaux d'écritures qu'à des exercices. Au besoin, il s'assure de la conformité des rapports avec les registres d'ordres en se faisant adresser des extraits de ces registres. (Circ. 61, du 23 août 1872, et 282, du 12 décembre 1879.) Il rapproche également des rapports 86 A les bulletins de situation de caisse 86 D établis par les inspecteurs chez les buralistes et transmis immédiatement à la direction. (Circ. 61.)

Les registres des ordres généraux lui sont adressés par les sous-directeurs après chaque vérification. Il les renvoie annotés, et, s'il n'approuve pas les observations faites par les inspecteurs ou sous-directeurs, il le leur fait connaître par lettre.

CHAPITRE V.

ATTRIBUTIONS SPÉCIALES.

Abonnements. — *Débitants de boissons.* — Au vu des états 114, le directeur accepte ou rejette les soumissions. Il envoie au besoin un inspecteur sur place pour suivre les opérations relatives aux abonnements.

En cas de rejet, si le débitant soulève une contestation, le directeur présente au préfet les requêtes exprimant et justifiant ses conclusions.

Il soumet à l'Administration les soumissions qu'il accepte et celles dont le taux paraît exagéré. En cas de rejet par l'Administration et de réclamation par le débitant, même procédure.

En cas de fraude, il propose à l'Administration de prononcer la résiliation. (Circ. 310, du 1ᵉʳ août 1855.)

Il autorise les *abonnements à l'hectolitre* pour deux trimestres au maximum. (Circ. 170, du 5 avril 1838.)

Le Ministre des finances approuve les *abonnements par corporation*, mais le directeur peut en provoquer la révocation auprès du préfet à défaut de payement d'un terme échu. (Circ. 10, du 23 juillet 1816, et 124, du 1ᵉʳ mars 1836.)

Abonnements pour les vendanges. — Le directeur examine les traités qui s'y rattachent, et, s'il s'agit de villes soumises à la taxe unique, il a soin de faire spécifier distinctement les quantités qu'on présume devoir être introduites, d'une part à destination des récoltants ne vendant pas au détail, d'autre part à destination des récoltants vendant au détail. (Circ. 157, du 21 juin 1875.)

Bières. — Le directeur discute avec les syndics des brasseurs l'abonnement que la Régie peut contracter avec les villes de plus de 30,000 habitants. Il rend compte à l'Administration des propositions faites dans ce sens, mais l'approbation appartient au Ministre.

Papiers. — Le directeur discute seulement les bases des abonnements; il n'a pas qualité pour les approuver. (Circ. 101, du 10 septembre 1873.)

Huiles. — Les abonnements sont conclus de la même manière que pour les vendanges.

Le directeur ou son délégué passe les traités avec les villes qui remplacent le droit d'entrée par une redevance, mais l'approbation appartient à l'Administration. (Circ. 107, du 31 décembre 1873.)

Voitures publiques. — L'Administration statue sur les soumissions que le directeur lui transmet avec son avis. (Circ. 310, du 1er août 1855, et 2, du 16 avril 1823.)

Bases de conversion. — *Bouilleurs de profession.* — Le directeur peut convenir avec eux d'une base d'évaluatien pour la conversion des vins, cidres, poirés, lies, etc. en eaux-de-vie ou esprits. (Art. 142 de la loi du 28 avril 1876 et Circ. 248, du 7 décembre 1854.)

Glucoses. — La loi n'a fixé un minimun de rendement que pour les glucoses fabriquées avec des fécules ; quant à celles qui proviennent des mélasses, une base d'évaluation peut être déterminée de gré à gré entre les directeurs et les fabricants. (L. C. 507, du 6 novembre 1871.)

II. — Allumettes. — Le directeur informe l'Administration des plaintes qui peuvent se produire en raison de l'absence de débits dans certaines localités, de leur nombre trop restreint, de l'insuffisance des approvisionnements. (Circ. 137, du 19 janvier 1875.)

Chaque directeur doit posséder : 1° une liste de tous les dépositaires chargés d'approvisionner les débits ; 2° une liste nominative des débits autorisés dans le département (Circ. 191, du 24 mai 1876) ; 3° un spécimen des divers types que la Compagnie est autorisée à mettre en vente.

Cette série doit être conservée avec le plus grand soin dans un local à l'abri de toute cause de détérioration. Elle sert à contrôler les allumettes mises en vente, à reconnaître les contrefaçons et fraudes. (Circ. 191.)

Jusqu'à nouvel ordre, le directeur peut seul autoriser dans les fabriques, en dehors des inventaires faits par les agents de la Compagnie, les vérifications générales portant à la fois sur les matières premières et les produits fabriqués. (Circ. 191, du 24 mai 1876; Arr. min. du 22 décembre 1875.)

III. — **Bacs et passages d'eau, redevances, francs-bords, etc.** — Le directeur ne doit pas attendre l'expiration des baux pour se concerter avec le préfet et les ingénieurs relativement aux adjudications. Il examine les projets des cahiers des charges, s'occupe de l'admission des cautions et de la recherche de soumissionnaires pour les cantonnements ou lots qui n'ont pas trouvé d'amodiataires lors des enchères publiques.

Il participe aux adjudications, débat les cautionnements des fermiers des bacs avec les préfets, se fait représenter par un délégué à la rédaction de l'inventaire du matériel.

Un cahier des charges doit être établi pour chaque bac. (Circ. 282, du 20 avril 1855, et 1110, du 12 janvier 1869.) — Le procès-verbal de mise en jouissance est signé par un employé que désigne le directeur, et celui-ci en reçoit une expédition. Pareil procès-verbal est dressé à la fin du bail, et, si le fermier est tenu de payer une moins-value, elle est fixée par un arrêté du préfet, que le directeur notifie au receveur principal, après en avoir pris note.

Les directeurs des domaines sont appelés à concourir à la fixation du prix des baux, pour les redevances domaniales dont la perception est attribuée à la Régie, tels que droits et revenus des bacs, bateaux et canaux, produits des récoltes, des francs-bords et plantations, fermages du droit de pêche et de chasse, etc., mais non en cas d'adjudication ou d'autorisation de prise d'eau et d'établissement d'usine. (Circ. 140, du 20 février 1875.)

Les cessions amiables des produits des francs-bords des canaux et rivières navigables ou flottables sont homologuées par les préfets quand le prix n'excède pas 500 francs, par le Ministre quand le

prix est supérieur, ou quand l'accord n'a pu s'établir, soit entre les agents des finances et ceux des ponts et chaussées, soit entre les directeurs des contributions indirectes et ceux des domaines.

Pour les occupations temporaires du domaine fluvial, voir la circulaire 247, du 7 septembre 1878.

Le directeur peut proposer la résiliation du bail de tout adjudicataire de la pêche fluviale qui aura laissé passer un terme sans satisfaire à ses engagements. (Circ. 1105, du 25 novembre 1868.)

IV. — **Boissons.** — *Circulation.* — Le directeur propose à l'Administration les changements qui paraissent devoir être apportés aux fixations admises pour la libre circulation des boissons enlevées des débits à destination des simples consommateurs. (Circ. 17.)

Lorsque les acquits accompagnant les boissons se rapportent à des quantités très considérables, il peut, sur le rapport des chefs de circonscriptions administratives, autoriser la délivrance de bulletins de division 5 *ter* applicables à chacun des transports partiels. (Circ. 263, du 24 février 1879.)

Il prononce sur les demandes des propriétaires récoltants, bouilleurs de cru, etc., qui, vu leur éloignement des recettes buralistes, désireraient être munis d'un registre de laissez-passer 69. (Circ. 506, du 30 octobre 1857.)

V. — **Bougies.** — Le directeur statue sur les demandes des simples marchands qui réclament l'entrepôt. (Circ. 109, du 11 janvier 1874.)

VI. — **Cartes à jouer.** — Il commissionne les débitants, cote et parafe les registres de vente des fabricants, les registres d'achat et de vente des marchands.

VII. — **Entrée.** — **Taxe unique.** — Le directeur ne doit pas se désintéresser des opérations de recensement. (Circ. 202, du 24 novembre 1876.)

Il vérifie les décomptes relatifs au tarif de la taxe unique. (Circ. 44, du 22 mai 1832.)

Il demande aux préfets de prendre les arrêtés en vertu desquels, par suite de nouveaux recensements, les taxes d'entrée sont établies, élevées, abaissées ou supprimées. Il provoque également les arrêtés préfectoraux pour l'application des taxes locales aux parties du territoire nouvellement comprises dans l'agglomération des communes sujettes.

Il organise la perception et propose les changements que peut amener la suppression de l'exercice dans les villes où la taxe unique est établie, ou son rétablissement dans celles qui cessent d'y être soumises.

Il fait à l'Administration les propositions relatives à la concession de la faculté d'entrepôt en faveur des débitants qui la réclament dans les villes à taxe unique. (Circ. 226, du 19 décembre 1877.)— Dans les villes simplement soumises au droit d'entrée, la circulaire 17 l'autorise à statuer directement.

VIII. — **Octrois.** — Les chefs locaux doivent informer le directeur des délibérations prises en matière d'octroi par les conseils municipaux; il demande lui-même au préfet communication de celles des conseils généraux, se fait remettre un exemplaire des tarifs prorogés ou modifiés, signale au préfet toutes les décisions contraires aux règles tracées par la loi.

En cas de mise en ferme, il assiste à l'adjudication ou s'y fait représenter, examine le cahier des charges, donne son avis sur les frais de perception.

Il s'assure que les abonnements collectifs ne contiennent pas de clauses abusives, ne favorisent pas certains redevables au détriment des autres, surtout quand les traités sont faits par des fermiers. (Circ. 19, du 30 avril 1870.)

Il se préoccupe de tout ce qui touche à la fixation du périmètre de l'octroi.

Il doit apporter la plus grande diligence dans les affaires d'octroi

[illegible]

[illegible]

et tenir l'Administration au courant des difficultés qui se présentent. (Circ. 243, du 12 août 1878.)

Le directeur donne son avis sur les candidats proposés par les maires au préfet pour les fonctions de préposé en chef. (Art. 1er du décret du 25 mars 1852; Arr. min. du 3 mai 1852.) Il fait connaître au préfet, avec ses observations et son avis, les faits de nature à provoquer des mesures disciplinaires contre les préposés en chef. (Circ. 743, du 20 mars 1861.)

Il fait vérifier les octrois par les inspecteurs. Chaque octroi doit être vérifié complètement tous les trois ans au moins. (Circ. 243, du 12 août 1878.)

Pour les impressions fournies aux octrois et les remboursements à faire par les communes, voir circulaires 49, du 22 août 1832, et 51, du 23 novembre suivant.

Frais de casernement. — Les préfets adressent les décomptes aux directeurs qui les réclament, au besoin, vers la fin du mois qui suit l'expiration du trimestre, et les transmettent aux receveurs principaux. (Circ. 445, du 5 février 1857.)

IX. — **Sels.** — Le directeur est consulté par le préfet sur toute demande en concession de mine de sel, source ou puits d'eau salée, ainsi qu'en permission d'usine.

Il reçoit les demandes en concession des dépôts de sels destinés à l'agriculture et propose à l'Administration par rapports spéciaux les mesures nécessaires pour garantir l'intérêt du Trésor. (Circ. 187, du 3 avril 1876.)

X. — **Sucres.** — Pendant le chômage des fabriques ou distilleries, les employés doivent être utilisés soit dans le service général, soit dans les usines où le travail se prolonge toute l'année. (L. C. 405, du 13 avril 1874.)

Dans les localités où existent des brasseries à la résidence ou à proximité des employés des sucres, ceux-ci font au moins une visite par jour dans les brasseries en activité. (L. C. 42, du 17 septembre 1875.)

Le directeur arrête l'état des sommes pour lesquelles les redevables et leurs cautions peuvent souscrire des obligations; il réduit au besoin les propositions des receveurs principaux. (Inst. du 15 décembre 1853, § 138).

XI. — **Tabacs.** — Le directeur fait partie des commissions qui délivrent les permis de culture, apprécie concurremment avec les préfets la solvabilité des planteurs qui demandent à cultiver pour l'exportation, reçoit communication des registres et relevés des déclarations faites par les planteurs, les transmet au préfet avec son avis. Il doit avoir des états nominatifs de tous les planteurs autorisés. (Circ. 738, du 28 février 1861.)

Il doit être avisé des payements importants à faire pour le compte de l'Administration des tabacs, afin de prendre les mesures nécessaires pour que les comptables aient les fonds en caisse. (Même circulaire.)

Il fait connaître à l'Administration les plaintes et réclamations qui s'élèvent au sujet de la qualité des tabacs. (Circ. 917, du 14 juillet 1863.)

Il préside dans la circonscription du chef-lieu les conseils chargés d'expertiser les tabacs saisis, et peut se faire représenter par un inspecteur quand les commissaires se réunissent hors du chef-lieu.

En cas de saisies communes avec les employés des douanes et des manufactures, il s'entend avec les chefs du service intéressé pour la désignation du délégué qui prend part au classement des tabacs saisis.

Au vu des relevés dressés par les chefs de poste, certifiés et annotés au besoin par les entreposeurs, il fixe les contingents alloués aux débits autorisés à vendre des tabacs de zone. (Circ. 17 et 257, du 18 janvier 1879.)

Il fait déterminer par le préfet le maximum par espèce des

quantités de tabac de cantine à livrer chaque mois aux établissements hospitaliers et provoque au besoin la modification du chiffre fixé. (Circ. 831, du 31 mars 1862.)

Il est membre de la commission départementale chargée d'examiner les demandes de débits de deuxième classe. Il soumet ses propositions au préfet pour ceux dont le produit ne dépasse pas 1,000 francs. (Circ. 120, du 30 avril 1874.)

Il instruit les demandes de gérance et survivance, celles en autorisation de mariage et celles en transfert de débit du vivant des titulaires. (Circ. 111, du 14 janvier 1874.)

Il agrée les gérants, s'assure de la régularité des traités, voit si les redevances sont proportionnées aux produits, si les titulaires n'exigent pas le payement de plus de trois mois d'avance. Il conserve dans ses archives copie de toutes les conventions. (Circ. 12, du 31 août 1869.)

Voir la même circulaire pour les règles à suivre en ce qui concerne les produits des débits vacants ou les redevances payées par les gérants pendant les vacances.

Les créations et suppressions de débit ne peuvent être autorisées que par l'Administration : le directeur les propose ; c'est lui qui fixe l'emplacement des débits en tenant compte des droits acquis et des besoins de la consommation. Il rend compte à l'Administration de tous les déplacements qu'il autorise.

Poudres à feu. — Le directeur décide si les entrepôts doivent s'approvisionner directement aux poudreries, ou collectivement, dans les cas où les frais de transport ne peuvent être limités à 16 centimes par tonne et par kilomètre. (Circ. 134, du 17 décembre 1874.)

Il donne son avis sur les demandes en autorisation de fabriquer de la dynamite, se fait communiquer les arrêtés d'autorisation, assure l'exercice des fabriques. (Circ. 179, du 23 décembre 1875.)

XII. — **Voitures publiques.** — Le directeur reçoit du préfet l'extrait des autorisations nécessaires pour la mise en circulation de toute voiture publique, inscrit ces autorisations par ordre de date sur un registre spécial et en transmet immédiatement copie aux buralistes appelés à recevoir les déclarations, en prévenant, s'il y a lieu, de cet envoi le sous-directeur intéressé. (Circ. 63, du 25 septembre 1852, et décret du 10 août 1852, articles 17, 18 et 19.)

CHAPITRE VI.

CONTENTIEUX. — POURSUITES.

Le directeur reçoit des sous-directeurs copie de tous les procès-verbaux et rapports sommaires ; il classe séparément et conserve les copies relatives aux affaires terminées et aux affaires pendantes.

Il conclut à titre définitif ou sanctionne les transactions sur procès-verbaux, quand le montant des amendes et confiscations encourues n'excède pas 500 francs.

Il autorise les poursuites sur procès-verbaux de contravention et de saisie ; l'Administration peut seule prononcer l'abandon des affaires avant ou après jugement.

Il consulte nécessairement l'Administration quand les redevables forment opposition à des contraintes, contestent l'exigibilité des droits ou du privilège de la Régie. (Circ. 17.)

Il se réserve la direction des poursuites et donne de nouveaux ordres à chaque phase. (Circ. 445, du 5 février 1857.)

Sauf urgence, il statue notamment sur les propositions ayant pour but de continuer les poursuites après saisie mobilière.

Le directeur doit éviter d'exposer la Régie à des échecs judiciaires, informer sans retard l'Administration de tous les jugements prononcés, n'interjeter appel sans autorisation préalable qu'en matière de garantie ou bien en cas d'urgence, déclarer au contraire toujours le pourvoi en cassation contre les arrêts défavorables à la Régie. (Circ. 7, du 7 juin 1869.)

Pour instruire et défendre sur les instances portées devant les

[illegible]

[illegible]

[illegible]

[illegible]

[illegible]

tribunaux d'arrondissement, il agit au besoin par l'intermédiaire des sous-directeurs. (Circ. 310, du 1er août 1855.)

La signification des jugements doit être autorisée par lui. Il statue sur les propositions d'élargissement de délinquants détenus et en donne avis à l'Administration. (Circ. 310, du 1er août 1855.)

CHAPITRE VII.

REMISES DE DROITS, DÉCHARGES, ALLOCATION DE MANQUANTS.

Boissons. — En matière d'acquits-à-caution, le directeur peut faire remise des droits exigibles *à titre d'amende*, quand le montant de ces droits n'excède pas 500 francs. (Circ. 17.)

Lorsque les différences en moins reconnues sur des chargements de boissons résultent d'accidents dûment constatés, il peut faire remise *du simple droit*, également jusqu'à concurrence de 500 francs.

En l'absence de procès-verbaux réguliers de constatation, il peut faire remise *du simple droit* afférent aux différences en moins qui sont le résultat de pertes ou coulages, déchets extraordinaires d'évaporation, erreurs de jauge, etc., dans la limite de 20 francs pour les vins, cidres, poirés, hydromels; de 200 francs pour les alcools.

Dans les mêmes limites, il peut libérer les soumissionnaires d'acquits-à-caution dont il n'a pas été fait usage ou qui présentent des énonciations erronées imputables aux buralistes. (Circ. 17 et 23, du 4 septembre 1871.)

Les motifs de ses décisions devront être soumis à l'Administration; les acquits dont il vient d'être question doivent figurer au registre 166 et à l'état 112 de situation trimestrielle des acquits-à-caution, avec ceux sur lesquels l'Administration doit statuer.

Quand les droits d'entrée ou de taxe unique, exigibles à défaut de certificats de sortie sur des boissons ou des huiles végétales, accompagnées d'un passe-debout ou déclarées pour le dehors du lieu sujet par un entrepositaire, ne dépassent pas 10 francs pour les vins, cidres, poirés, hydromels, 100 francs pour les alcools et

5o francs pour les huiles, le directeur statue sur les demandes d'exonération. (Circ. 17.)

Quand les chiffres indiqués ci-dessus sont dépassés, et, dans tous les cas où les droits ont donné lieu soit à une constatation, soit à une perception définitive, la décision appartient à l'Administration. (Circ. 17.)

Les états 112 dont il est question ci-dessus sont adressés par les sous-directeurs en triple expédition au directeur, qui en conserve une et transmet les deux autres à l'Administration ; celle-ci lui en renvoie une annotée de ses décisions. Le directeur les fait transcrire sur l'expédition restée dans ses archives, avant d'expédier au sous-directeur celle qui revient de l'Administration. (Voir aussi la note de la sous-direction.)

Fabrication de vins de raisins secs, de piquettes, etc. — L'Administration autorise seule la prise en charge de quantités inférieures à la déclaration. Elle doit être consultée pour tous les manquants, quelle qu'en soit l'origine. (Circ. 272, du 4 septembre 1879.)

Vinaigres. — L'Administration se réserve de statuer sur les manquants nets donnant lieu à contestation. (Circ. 161, du 1er août 1875.)

Distilleries agricoles et industrielles. — Le directeur adresse à l'Administration les propositions de décharge qui concernent les manquants constatés par les inventaires. Pour prendre des mesures conservatoires, il doit demander l'autorisation préalable de l'Administration. (Circ. 275, du 22 septembre 1879, §§ 129 et 130 ; Circ. 276, du 23 septembre 1879, § 94.)

C'est l'Administration qui accorde décharge des mélasses, liquides fermentés ou spiritueux dont la perte matérielle a été régulièrement constatée par les employés dans les distilleries industrielles. Le directeur fait, pour chaque affaire, des propositions spéciales. (Circ. 275, du 22 septembre 1879, § 108.)

[illegible] [illegible] par [illegible] à [illegible] plus [illegible] par les [illegible] [illegible] [illegible].

[illegible] Bourgogne [illegible] sont d'accord, [illegible] dans [illegible] [illegible] [illegible] [illegible] [illegible] [illegible] [illegible], que [illegible] [illegible] [illegible] [illegible] appelé [illegible].

[illegible] [illegible] [illegible] [illegible] [illegible] [illegible] [illegible] [illegible] [illegible] direct [illegible] [illegible] [illegible] [illegible] [illegible] [illegible] [illegible] [illegible] [illegible] [illegible] [illegible] [illegible] [illegible] l'Allemagne [illegible] [illegible] [illegible] [illegible] [illegible].

[illegible] [illegible] [illegible] [illegible] [illegible] [illegible] [illegible] [illegible] [illegible] [illegible] par [illegible] [illegible] [illegible] [illegible] [illegible] [illegible] [illegible].

[illegible] [illegible] [illegible] [illegible] [illegible] [illegible] [illegible].

[illegible] [illegible] [illegible] [illegible] [illegible] [illegible] [illegible] [illegible] [illegible] [illegible] [illegible] [illegible] [illegible] [illegible] [illegible] [illegible] [illegible] [illegible] [illegible] dans la [illegible] [illegible] par [illegible] [illegible] [illegible] [illegible], pour chaque [illegible] [illegible] par [illegible] [illegible] [illegible] septembre [illegible].

Acquits de saisie. — Les transactions intervenant sur les procès-verbaux statuent en même temps sur les acquits; il appartient donc au chef du département où la saisie a été faite de rendre ou de provoquer la décision; mais la solution doit être notifiée, le cas échéant, au directeur du département où l'acquit a été délivré.

Bières. — L'Administration seule peut accorder la décharge en cas de coulage ou de détérioration d'un brassin, lorsque l'accident a pu être matériellement constaté par le service. Après l'entonnement, toute décharge est impossible.

Sucres et glucoses. — En cas de pertes matérielles, l'Administration s'est réservé la faculté d'accorder décharge des droits, sur la proposition des directeurs. (L. C. 507, du 6 novembre 1871.)

Huiles minérales. — Même règle. (Circ. 31, du 26 décembre 1871.)

Bougies. — L'Administration peut seule accorder décharge de droits afférents aux bougies ou produits similaires détruits soit par accident en cours de transport, soit dans les usines ou magasins par cas de force majeure.

A défaut de décharge ou en cas d'apurement incomplet d'acquits-à-caution, le directeur peut libérer les soumissionnaires moyennant le payement du simple droit.

Il ne peut renoncer à toute répétition que lorsqu'il s'agit de bougies, cierges, etc., revêtus de timbres et libérés d'impôt.

Néanmoins il est autorisé, jusqu'à concurrence de 100 francs, à faire remise du simple droit sur les différences provenant d'erreurs ou de pertes matérielles. Au delà, des propositions spéciales doivent être faites à l'Administration. (Circ. 109, du 11 janvier 1874.)

Voir, en cas de refonte, l'article 13 du règlement du 8 janvier 1874 (le procès-verbal de destruction des vignettes doit être approuvé par le directeur). Pour les déchets de fabrication portant sur la cire et l'acide stéarique, l'Administration doit être consultée si la proportion excède 2 p. o/o (art. 15 du règlement). En cas de manquant sans fabrication déclarée, l'Administration seule peut accorder décharge du quadruple droit devenu exigible.

Papiers. — A défaut de décharge d'acquits ou en cas d'apurement incomplet, le directeur peut libérer le soumissionnaire, moyennant le payement du simple droit, jusqu'à concurrence de 500 francs.

Il ne peut renoncer à toute répétition que s'il s'agit de papiers libérés d'impôt.

Toutefois il peut, dans la limite de 100 francs, faire la remise du droit sur les différences provenant d'erreurs ou de pertes.

L'Administration statue sur les pertes résultant de cas de force majeure dans les fabriques.

Quant à la décharge du droit spécial de 20 fr. 80 cent., réclamée par les imprimeurs pour les papiers lacérés, maculés, etc., le directeur l'autorise dans la limite de 5 p. o/o des quantitées livrées à l'impression.

Cartes. — Manquants chez les fabricants ou les comptables de la Régie. (Voir les circulaires 2, du 16 avril 1823, et 465, du 21 octobre 1850.)

Tabacs. — Manquants chez les entreposeurs. L'Administration statue. (Voir circulaire 31, du 26 septembre 1820.)

Tabacs de troupe. — L'Administration accorde, sur le rapport du directeur, décharge des manquants constatés chez les débitants. (Circ. 184, du 1ᵉʳ mars 1876.)

Allumettes chimiques. — Mêmes règles pour les demandes en décharge par suite de pertes ou détériorations en cours de transport ou dans les magasins des concessionnaires, traitants et sous-traitants du monopole.

Timbres et vignettes. — Les excédents constatés chez les comptables sont pris en charge, les manquants sont soumis au double droit de 10 centimes; mais le directeur peut autoriser le comptable à attendre la solution de l'Administration sur la demande en décharge. Il doit signaler tous les manquants qui, par leur nature, peuvent faire craindre des abus. (Circ. 261, du 31 janvier 1879.)

CHAPITRE VIII.

ORDONNANCEMENT. — COMPTABILITÉ.

Ordonnateur secondaire de toutes les dépenses du département, le directeur reçoit chaque mois les ordonnances de délégation de crédit délivrées par le Ministre; il peut déléguer lui-même aux sous-directeurs le mandatement des dépenses spéciales à leur circonscription.

Il tient un carnet spécial où il constate par circonscriptions administratives les payements qui s'y rattachent.

Voir la circulaire 17 et les extraits y annexés de la lettre commune n° 5, du 12 janvier 1826, et de la circulaire n° 4, du 26 décembre 1825, comptabilité générale.

Les dépenses du service des tabacs sont ordonnancées par les chefs de ce service, mais celles qui se rattachent à la vente des tabacs sont liquidées et ordonnancées par le directeur des contributions indirectes. (Circ. 738, du 28 février 1861.)

Il est tenu dans chaque direction un livre des droits constatés au profit des créanciers de l'État. On y porte : 1° les dépenses annuelles fixes ordonnancées par mois; 2° les dépenses éventuelles payables sur autorisation spéciale de l'Administration, lors de la réception des autorisations; 3° celles dont la quotité est réglée par des tarifs ou traités préexistants (frais de transport, remises des buralistes, etc.).

A la fin de l'année, on ajoute toutes les créances connues, soit que le chiffre en soit arrêté, soit qu'il puisse être fixé seulement par évaluation, et sauf à réduire cette évaluation après la fixation définitive. (Circ. 36, du 22 février 1826, et 95, du 26 décembre 1834.)

Les registres 102 et 103, qui contiennent le dépouillement des états de produits et les renseignements statistiques (Voir la note de la sous-direction), sont tenus distinctement : 1° pour la circonscription administrative du chef-lieu; 2° pour l'ensemble du département.

Le directeur centralise les opérations de recette et de dépense pour tout le département; il transmet chaque mois aux receveurs principaux les accusés de réception et de crédit aussitôt après la vérification des pièces de dépense, vise les récépissés de virements de fonds et s'assure qu'ils n'ont pas été délivrés pour des affaires personnelles aux employés. (Circ. 310, du 1er août 1855.)

Il tient un carnet où il relève mensuellement à un compte ouvert à chaque département tous les virements émis ou régularisés. (Circ. Comp. pub., du 30 décembre 1871.)

Il transmet le 30 de chaque mois à l'Administration les états de proposition pour restitution des droits de garantie, en ayant soin d'y comprendre toutes les soumissions rentrées au moment de leur formation. (Circ. 266, du 18 mars 1879.)

Il propose l'allocation aux comptables des primes d'apurement. (Circ. 17.)

Chaque année, en janvier, il désigne les postes où sont autorisées des réserves de fonds pour le payement des employés. (L. C. du 8 juillet 1872.)

CHAPITRE IX.

CORRESPONDANCE. — OBJETS DIVERS.

Le directeur fait un rapport annuel 105 A analogue à ceux que fournissent les sous-directeurs, et qu'il est chargé de transmettre avec le sien après les avoir annotés.

Lorsqu'il n'y a pas dans le département d'inspecteur spécial du

[illegible]

service des sucres, il consacre dans ce rapport annuel un article distinct à ce service. Mais lorsqu'il y a une ou plusieurs inspections spéciales, il fournit deux rapports généraux par campagne, à la fin de mars et de septembre. (Circ. 249, du 28 octobre 1878.) A la fin de chaque campagne, il adresse à l'Administration un relevé des fabriques dans lesquelles on aura employé des procédés particuliers, avec des rapports descriptifs des chefs de service. (L. C. 30, du 27 septembre 1878.)

Chaque année, en août, il fait connaître par un rapport spécial les résultats obtenus par les agents des sucres qui ont concouru au service général, en indiquant les procès-verbaux rapportés, excédents reconnus chez les brasseurs, etc. (L. C. 42, du 17 septembre 1878.)

Il annote et transmet les rapports 105 B, états 86 G, 86 H et 72 C fournis par les sous-directeurs à la suite de leurs tournées, les journaux, rapports, états. résumés, à fournir par les inspecteurs, contrôleurs, commis principaux, etc.

Il communique aux intéressés les observations et décisions de l'Administration ou les fait parvenir à leur connaissance par l'intermédiaire des sous-directeurs.

Il transmet également les feuilles de vérification 107 des portatifs et s'assure que les décisions de l'Administration sont exécutées.

Lorsque les observations faites intéressent la marche générale du service, il ordonne qu'elles soient transcrites sur le registre 69 des ordres généraux.

Toutes les questions et difficultés de service non prévues par les instructions doivent être soumises à l'Administration; en cas d'urgence, le directeur doit toutefois donner les ordres nécessaires, sauf à en rendre compte immédiatement. (Circ. 443, du 1er mars 1850.)

Il conserve les lettres et documents qu'il reçoit, garde minute des lettres, notes et rapports qu'il rédige.

Il tient deux registres de correspondance, l'un au départ, l'autre à l'arrivée. (Circ. 109, du 17 août 1835.)

Il ne peut réclamer que dans les cas d'urgence et d'absolue

nécessité le concours d'employés du service actif au travail de ses bureaux.

Il doit examiner avec le plus grand soin les baux qui intéressent l'Administration, veiller à la bonne installation du service, à l'enregistrement des actes. Il délivre les certificats nécessaires pour que la partie du loyer à la charge de l'Administration ne soit pas frappée du droit proportionnel d'enregistrement. (L. C. du 25 novembre 1871.)

Il doit avoir l'inventaire des collections appartenant aux emplois portés sur la liste de distribution des circulaires. En cas de suppression d'emploi, il se fait adresser la collection, qu'il conserve dans ses archives jusqu'à ce qu'elle reçoive une nouvelle destination. (Circ. 230, du 28 février 1878.)

Il transmet tous les trois mois au directeur de l'enregistrement, pour assurer le contrôle des déclarations de succession des redevables et assujettis de la Régie, les bulletins 84 de recensement dressés par le service actif après le décès. Il conserve dans ses bureaux un relevé de ces bulletins, indiquant le nom, la profession, la résidence et la date du décès de chaque redevable.

Avisé par les sous-directeurs de l'existence des boissons qui ont séjourné pendant plus de six mois chez les entrepreneurs de transports, il en informe son collègue des domaines. (Circ. 285, du 30 avril 1855.)

L'installation des bureaux de la direction doit être convenable; les archives doivent être à l'abri de l'humidité. (Circ. du 17 août 1835.)

DES SOUS-DIRECTEURS.

SERVICE DES SOUS-DIRECTEURS.

[illegible]

CHAPITRE [illegible]

[illegible]

[illegible] en septembre [illegible]

[illegible] présentent [illegible] les portes [illegible]

[illegible]

[illegible] les différents [illegible]

[illegible] audience 177 [illegible]

[illegible] mandes ayant pour objet l'adossement, le [illegible] placement de [illegible] locataires, du débute de [illegible] à leur [illegible] en prend [illegible]

[illegible] au conseiller [illegible] tour compte [illegible] directeur (1.) [illegible]

CHAPITRE [illegible]

[illegible]

[illegible]

[illegible] le 1er août 1865, [illegible]

[illegible]

CHAPITRE Iᵉʳ.

ATTRIBUTIONS GÉNÉRALES.

Le sous-directeur à la direction du service de sa circonscription, sous le contrôle et l'autorité du directeur; il donne des instructions aux comptables et chefs locaux; il opère les redressements nécessaires. (Circ. 100, du 5 septembre 1873.)

Tous les employés de sa circonscription lui sont subordonnés.

Les incidents qui présentent quelque intérêt doivent être portés à sa connaissance par les chefs locaux de service.

Il doit se montrer accessible au public et se mettre en relations avec les représentants des différentes administrations.

Il apprécie les besoins du service et propose d'en modifier l'organisation s'il y a lieu. (*Voir la minute de l'état de consistance 177 fourni chaque année à l'Administration.*)

Il examine les demandes ayant pour objet l'établissement, la suppression ou le déplacement de recettes buralistes, de débits de tabac ou de poudres à feu; il en prend l'initiative au besoin.

En cas d'intérim, un contrôleur désigné par le directeur remplit les fonctions de sous-directeur. (Circ. 17.)

CHAPITRE II.

PERSONNEL.

Le sous-directeur tient les registres matricules : 1° des employés (n° 136); 2° des buralistes, débitants de tabacs, de poudres, de cartes, etc. (n° 133.)

Il tient aussi un registre des interruptions de service par suite de congés, maladies, etc. (Circ. 17 et 310, du 1ᵉʳ août 1855, p. 20.)

Il installe les employés, receveurs buralistes et débitants de tabac, après s'être assuré qu'ils ont prêté serment, qu'ils ont versé leur cautionnement et que leurs commissions sont timbrées. (Circ. 17.)

Il s'inquiète de la conduite et des relations des employés, peut, en cas de faits graves, prononcer la suspension d'un agent quelconque, mais à la charge d'en rendre compte immédiatement; il transmet les demandes d'avancement et de changement; il reçoit et transmet avec son avis les demandes de congé, en indiquant comment il assurera l'intérim; il peut, en cas d'urgence, autoriser les employés à quitter leur poste. (Circ. 17 et 205, du 11 mai 1854.)

Il veille à ce que les employés des recettes montées aient des chevaux leur appartenant.

Les contrôleurs et commis principaux de première classe forment les feuilles signalétiques pour les employés sous leurs ordres; le sous-directeur les annote, il les établit lui-même pour tous les autres agents; il forme et transmet au directeur en fin d'année le tableau d'avancement 137. (Circ. 17 et 212, du 7 juillet 1877.)

CHAPITRE III.

VÉRIFICATIONS EXTÉRIEURES.

Le sous-directeur a la surveillance spéciale de la recette principale et des entrepôts; il vérifie au moins une fois par mois la caisse du receveur principal, établit tous les dix ou quinze jours la situation des tabacs en garenne, fait au moins une fois par trimestre l'inventaire général des tabacs et poudres, le fait également en fin d'année, établit la situation de caisse au 31 décembre, contrôle et arrête les divers registres de comptabilité tant en deniers qu'en matières, assiste à l'inventaire général des impressions timbrées ou non, instruments et vignettes en fin d'année, ou en cas de changement de gestion, à la recette principale.

Il fait des tournées d'inspection comme le directeur et rend compte de ses vérifications par des rapports spéciaux 105 B, pour

[illegible]

[illegible]

[illegible]

[illegible]

les postes d'exercice, ou bien au moyen des états 86 B, 86 H, 72 C. (Voir la note de la direction.)

Il reçoit communication des observations faites à ce sujet par l'Administration.

Le maximum des jours à passer en tournée est, pour les sous-directeurs dont la circonscription compte, en dehors du chef lieu, jusqu'à

6 Résidences d'employés	5 jours.
De 7 à 8	6 ——
De 9 à 10	7 ——
De 11 à 12	8 ——
13 et au-dessus	10 ——

Indemnité de tournée : 15 francs par jour.

(Circ. 282, du 12 décembre 1879.)

CHAPITRE IV.

APPELS ET VERSEMENTS.

Contrôleurs et commis principaux de première classe chefs de service à la résidence du sous-directeur. — Ils lui soumettent leurs registres d'ordres, carnets de vérification et portatifs chaque fois qu'il le juge à propos.

Ils vérifient eux-mêmes le travail des commis et remettent à la sous-direction : en fin de mois, les acquits, factures, etc., dont ils ont fait l'appel ; en fin de trimestre, les états de produits dépouillés par les comptables.

Contrôleurs et commis principaux de première classe en résidence hors du chef lieu de la sous-direction. — Les deux premiers mois du trimestre, ils envoient par la poste à la sous-direction les acquits et factures appelés. A la fin du trimestre, ils vont soumettre leurs registres d'ordres au sous-directeur, lui faire la remise des acquits, factures, états de produits, etc.

Chefs de poste n'ayant que le grade de commis principal de deuxième classe ou de simple commis; receveurs ambulants et commis principaux adjoints. — Ils se rendent mensuellement à la sous-direction pour les appels et vérifications, sauf les exceptions admises par l'Administration. (Circ. 17.)

Receveurs particuliers sédentaires. — Receveurs des salines et de la garantie. — S'ils sont en résidence dans l'arrondissement où se trouve le siège de la circonscription administrative, ils se rendent chaque mois à la sous-direction pour la vérification de leur comptabilité; ceux des autres arrondissements n'y viennent qu'en fin de trimestre.

Le sous-directeur fixe au moins quinze jours à l'avance pour chaque poste ou recette le jour du versement. (Circ. 34, du 28 septembre 1871.) Il adresse au directeur un extrait du tableau présentant cette fixation

Receveurs entreposeurs. — Ils ne se déplacent pas. Le sous-directeur se rend chez eux dans ses tournées annuelles, ou lorsque des circonstances particulières l'exigent. (Circ. 17.)

Au moment de leurs versements, les comptables et chefs locaux doivent présenter des écritures complètement achevées et remettre en même temps toutes les productions qu'ils ont à fournir. (L. C. du 28 février 1873.)

Voici quelles sont à cet égard les principales obligations du sous-directeur :

Examiner le registre d'ordres, voir si l'emploi du temps est suffisamment justifié, si les tournées ne sont ni scindées, ni doublées, si les exercices sont suffisamment nombreux et variés, s'il est tenu compte des fêtes, foires, marchés, passages de troupes; si les em-

ployés font des rondes de nuit, si le contentieux est satisfaisant, etc. (Circ. 100, du 5 septembre 1873);

Voir si le nombre des exercices fait mensuellement, dans chaque tournée, correspond aux chiffres que le sous-directeur a déterminés lui-même ;

Appeler les acquits avec les portatifs et les registres 49 ; voir si les décharges sont régulières et si elles ont eu lieu en temps utile;

Rapprocher les factures de tabac du carnet 75 C ;

Veiller à l'apurement prompt et complet des feuilles F ;

En fin de trimestre, appeler les reprises sur les portatifs, viser les décomptes, en faire le rapprochement avec les comptes ouverts et les états de produits ; comparer le registre 74 avec le sommier et le registre des comptes ouverts ;

Faire tous les appels et rapprochements dont ils sera question plus loin à propos des bulletins de présence, carnets de circulation, recouvrements, etc.

CHAPITRE V.

CONTRÔLE DES BULLETINS DE PRÉSENCE.

Il doit être fait usage du registre 86 C dans toutes les communes où il existe des débits de tabacs et qui ne sont pas chefs-lieux de direction ou de sous-direction. (Circ. 83, du 13 juin 1834.)

Les employés visent ce registre toutes les fois qu'ils se rendent dans la commune pour une opération quelconque relative au service ; l'ampliation est remplie par le commis-adjoint, la suscription par le receveur. (Circ. 122, du 13 janvier 1836.)

Quand les employés sont obligés de se séparer, ils indiquent les causes de cette séparation. (Circ. 122.) Le bulletin est mis à la poste par les employés eux-mêmes dans la boîte de la commune.

Le sous-directeur établit pour chaque poste une feuille où il consigne les observations auxquelles ces bulletins ont donné lieu. Il mentionne en regard les justifications écrites des employés ou les explications verbales fournies lors des versements. (L. C. du 22 septembre 1874.)

Les bulletins de chaque commune sont classés par ordre de numéros dans une feuille d'enveloppe indiquant le nom de la commune, le numéro de la tournée, ainsi que divers renseignements sur le service postal. On inscrit sur chaque bulletin la date et l'heure de l'arrivée à la sous-direction. (Circ. 17.)

Les bulletins doivent être rapprochés du registre 74, des portatifs, carnets de route, etc. (Circ. 100, du 5 septembre 1873.)

Voir si les bulletins d'une même commune se suivent et s'ils sont détachés d'un même registre, s'ils sont réguliers, signés par les deux employés, jetés à la boîte de la commune même et non d'une autre commune, s'ils ne sont pas remis aux facteurs de la main à la main (timbre OR), jetés dans une boîte mobile (B M), examiner les empreintes des timbres à date de la poste, etc.

CHAPITRE VI.

SURVEILLANCE DES RECOUVREMENTS ET PERCEPTIONS.

Le recouvrement des droits constatés s'opère au moyen des états de produits dont voici la nomenclature :

27 B. — Pêche, francs-bords;

27 E. — Bacs, passages d'eau, etc.;

42 — Sels;

51 A. — Licences; — 51 B. — Circulation;

51 C. — Droits de détail et de consommation chez les marchands en gros et les assujettis cessant leur commerce ailleurs que dans les villes rédimées;

51 D. — Droit de dénaturation sur l'alcool;

51 E. — Indemnités pour suite d'exercices;

51 F. — Allumettes chimiques;

51 H. — Papiers;

[illegible] [illegible] [illegible] [illegible] [illegible]
[illegible] [illegible] [illegible] [illegible] [illegible]
[illegible]

[illegible] [illegible] [illegible] [illegible] [illegible]
[illegible] [illegible] [illegible] [illegible] [illegible]
[illegible] [illegible] [illegible] [illegible] [illegible]
[illegible] [illegible] [illegible] [illegible] [illegible]
[illegible] [illegible] [illegible]

[illegible] [illegible] [illegible] [illegible] [illegible]
[illegible] [illegible] [illegible]

[illegible] [illegible] [illegible] [illegible] [illegible]
[illegible] [illegible] [illegible] [illegible] [illegible]
[illegible] [illegible] [illegible] [illegible] [illegible]
[illegible] [illegible] [illegible] [illegible] [illegible]
[illegible] [illegible] [illegible]

[illegible]

[illegible] [illegible] [illegible] [illegible]

[illegible] [illegible] [illegible] [illegible] [illegible]
[illegible] [illegible] [illegible] [illegible]

[illegible]

[illegible]

[illegible]

[illegible]

[illegible]

[illegible]

[illegible]

[illegible]

[illegible]

51 I. — Huiles et essences minérales;

51 J. — Huiles végétales;

51 L. — Bougies et cierges;

51 M. — Vinaigres et acides acétiques;

52 A. — Droit d'entrée sur les manquants,

52 AA.— Taxe unique sur les manquants;

55 — Droit de détail à la vente chez les débitants;

59 — Bières;

61 — Voitures publiques; — 61 A. — Chemins de fer;

63 — Cartes;

115 B. — Abonnements;

22 — Sucres.

Ces états sont dépouillés par les comptables et versés à la sous-direction.

C'est le sous-directeur lui-même qui établit l'état 196 B pour les acquits-à-caution en retard, et l'état 122 B pour les amendes et confiscations. Le recouvrement est fait par le receveur principal ou, pour son compte, par les receveurs subordonnés. (Voir la lettre commune du 31 août 1874 pour les constatations à porter sur l'état 122 B.)

Le sous-directeur se rend compte de la situation des produits et de l'importance des restes à recouvrer, apprécie les explications qui lui sont fournies à cet égard, voit si le montant des restes à recouvrer, d'après les comptes ouverts et les états 85, forme bien le solde ressortant de la comparaison du total des constatations avec les sommes perçues.

Il recherche si des acomptes assez fréquents sont réclamés aux débitants.

Il a soin que tous les actes de poursuites soient exactement portés sur les relevés 76 G.

On peut demander à l'Enregistrement le relevé des actes de poursuites faits pendant une période déterminée. (Voir la circulaire 445, février 1857.)

Il propose l'allocation des primes d'apurement aux comptables qui soldent, sans reprises ni débet, au plus tard dans les trois mois qui suivent l'expiration de l'exercice, la totalité des droits constatés pendant l'année précédente. (Circ. 17 et 310, du 1er août 1855.)

Il tient, conformément à l'instruction 28 du 10 messidor an XIII, et suivant le modèle donné par la circulaire du 22 mars 1822, un registre des admissions en reprise indéfinie, indiquant les autorisations de l'Administration, le nom et la demeure des débiteurs. Il fait des recherches pour connaître ceux qui seraient devenus solvables. (Circ. 98 du 14 janvier 1824; L. C. du 31 août 1874.)

Contrôle des perceptions sur les sucres. — Le sous-directeur doit rapprocher des écritures des comptables les relevés 32 établis chaque mois par le service actif : 1° pour les quantités livrées à la consommation; 2° pour celles déclarées sous le régime de l'admission temporaire. (L. C. 30, du 27 décembre 1878.)

Perception du droit de consommation à l'arrivée. — Les chefs locaux de service dépouillent chaque mois, article par article, sur des relevés 82 B, les perceptions du droit de consommation à l'arrivée faites sur les registres 9 ou 10. Lors des versements, le sous-directeur compare ces relevés aux acquits déchargés. Il annote les relevés de l'énonciation de l'acte de décharge. En fin d'année, il compare les relevés 82 B au portatif 176. (Circ. 410, du 23 septembre 1856.)

Vérification des registres épuisés provenant des recettes buralistes. — Ces registres sont remis, à la fin de chaque année, au sous-directeur, qui doit les vérifier, les rapprocher au moins par épreuves des portatifs, et présenter pour chaque bureau sur un tableau 33 la comparaison entre le chiffre des perceptions qui figurent sur les registres épuisés et les résultats généraux de l'année inscrits au relevé récapitulatif 33 B. Ces tableaux, adressés au directeur, sont transmis aux inspecteurs qui vérifient les recettes buralistes. En y

[illegible paragraph]

[illegible paragraph]

[illegible paragraph]

CHAPITRE [illegible]

[illegible]

[illegible paragraph]

[illegible]

[illegible paragraph]

[illegible]

joignant les perceptions des registres non épuisés, ils **doivent** retrouver les chiffres du relevé 33 B. (Circ. du 25 décembre 1828.)

Vérification des portatifs. — Les contrôleurs et commis principaux, ayant au moins deux commis sous leurs ordres, vérifient les portatifs et dressent les feuilles de vérification 107, qui sont annotées par le sous-directeur.

Pour les autres postes et les recettes ambulantes, la vérification se fait dans les bureaux de direction et de sous-direction. Tous les commis doivent y participer : le sous-directeur y prend part au moins par épreuves. Les intéressés fournissent leurs explications.

Le nom et le grade de l'agent vérificateur sont inscrits en tête de la feuille 107; il y appose sa signature.

Le sous-directeur donne la suite nécessaire aux observations et décisions de l'Administration; il classe ensuite dans ses archives les feuilles 107. (Circ. 282, du 12 décembre 1879.)

Le rapport 105 mentionne le degré d'avancement du **travail de** vérification des portatifs. (Circ. 100, du 5 septembre 1873.)

CHAPITRE VII.
ATTRIBUTIONS SPÉCIALES.

I. — Allumettes. — Si le sous-directeur apprend que des détaillants patentés éprouvent des difficultés à obtenir dans les dépôts du monopole la livraison des allumettes destinées à la vente en détail, il intervient pour maintenir leurs droits. (Circ. 137, du 19 janvier 1875).

II. — Abonnements. — Voici en cette matière les principales attributions du sous-directeur :

Boissons. — S'assurer de l'exactitude des états 114, les rapprocher des portatifs 115, vérifier les prix moyens.

38

Voir si les ventes présumées et le prix moyen par débit ne sont pas établis arbitrairement, en vue d'arriver au chiffre souscrit au lieu du chiffre à réclamer (L. C. du 16 janvier 1875); entendre les débitants, demander au service tous les renseignements nécessaires; transcrire les soumissions au registre 116 et les soumettre au directeur.

Discuter avec les autorités municipales les bases des abonnements à souscrire par les villes en remplacement du droit d'entrée sur les vendanges; en faire l'objet d'un rapport au directeur. (Circ. 17.)

Voitures publiques. — Mêmes règles que pour les boissons. Établir les états de proposition 119, tenir le registre 121 A. (Circ. 17 et 310, du 1er août 1855.)

Papiers. — Discuter les abonnements avec les fabricants, conformément à la circulaire 101, du 10 septembre 1873.

III. — **Boissons.** — Le sous-directeur peut accorder aux entrepositaires la faculté d'ouvrir des magasins auxiliaires.

Il accorde aux débitants les décharges pour vins, cidres, poirés, hydromels gâtés, perdus, etc. et vise les actes qui s'y rapportent. Il autorise également la décharge des spiritueux gâtés ou perdus chez les débitants; mais l'Administration doit être consultée quand il s'agit de spiritueux figurant au compte des débitants liquoristes. (Circ. 17.)

Il peut : 1° accorder à certains débitants la faculté de recevoir accidentellement ou habituellement des vins, cidres, poirés hydromels en quantités inférieures à 100 litres en cercles et 25 litres en bouteilles; 2° admettre exceptionnellement qu'en vertu d'acquits-à-caution, des débitants exercés cèdent, même par minimes quantités, ces boissons à d'autres assujettis.

Il autorise la délivrance en franchise des acquits de déménagement dans le cas où elle n'a pas lieu de droit.

En cas de succession, il peut dispenser du droit de circulation

[illegible]

[illegible]

[illegible]

[illegible]

[illegible]

[illegible]

[illegible]

les héritiers appelés en vertu de la loi, mais non ceux qui héritent en vertu d'un testament.

Il peut approuver sans condition les acquits délivrés en franchise.

Il recherche si le droit de circulation est exactement constaté chez les assujettis qui ont cessé, si les entrepositaires ont souscrit les engagements nécessaires au registre 52 C, si leurs cautions sont solvables.

En cas de délivrance de bulletins de subdivision de chargement 6 *ter*, il surveille les abus possibles et se fait transmettre ces bulletins avec les registres épuisés. (Circ. 263, du 24 février 1879.)

En cas de fabrication de vins de raisins secs, piquettes, etc., il examine : 1° les relevés n° 7 (fournis par les buralistes) des déclarations de l'espèce inscrites au registre 14; 2° les bulletins 6 A, également formés par les buralistes et annotés par le service actif. (Circ. 272, du 4 septembre 1879.)

D'une façon générale, il recherche d'ailleurs si les bulletins 6 A sont exactement formés, assure leur transmission et la rentrée de ceux qui intéressent la circonscription, voit s'ils ont été convenablement utilisés et réclame tous les éclaircissemenss nécessaires.

Il examine et vise les carnets de circulation 6 B; il s'assure de la réalité des visas par des rapprochements avec les registres d'ordres, les bulletins 86 C, les portatifs, etc. En fin d'année, il fait rentrer ces carnets et les rapproche des acquits. (*Réponse de l'Administration au rapport de l'inspection des finances sur la direction du Pas-de-Calais, tournée de 1877.*)

Il transmet aux agents chargés de leur donner suite les bulletins 6 C et voit s'ils ont été convenablement utilisés.

Il tient un registre divisé en deux parties et conforme au modèle annexé à la circulaire 17 pour suivre le mouvement des bulletins 6 A et 6 C. (Circ. 17.)

IV. — **Garantie.** — Le sous-directeur examine les registres de l'essayeur, du receveur, des contrôleurs spéciaux, vérifie fré-

quemment la situation du matériel, s'assure du nombre et de
l'état des poinçons, voit si la caisse et la serrure sont en bon état ;
il se fait représenter les carnets tenus par les employés chargés de
la surveillance en matière de garantie.

V. — Octrois. — Pour surveiller la régularité des perceptions
le sous-directeur fait tenir un registre indiquant, pour chaque
octroi : 1° les dates des décrets portant approbation du tarif et du
règlement ; 2° les dates des lois autorisant les surtaxes ; 3° celles
des délibérations portant établissement de taxes nouvelles , proro-
gation ou augmentation des taxes existantes, modification aux
règlements et périmètres ; 4° les dates d'expiration des taxes principales , additionnelles, surtaxes ; 5° la date de l'approbation et
celle de l'expiration du bail en cas de ferme ou de régie inté-
ressée.

Il fait prévenir l'autorité municipale assez tôt pour que les renou-
vellements et prorogations aient lieu en temps utile. (Circ. 243,
du 12 août 1878.)

Quand une commune demande que son octroi soit géré par la
Régie ou réclame la modification du traité existant, le sous-directeur, après s'être entendu avec l'autorité municipale, fait un rapport au directeur. (Circ. 17.)

Le sous-directeur reçoit en double expédition, à la fin de chaque
mois, les bordereaux Q des recettes et des dépenses des octrois ;
il les vérifie et s'assure qu'ils sont conformes aux tarifs sous le rapport de la nomenclature des objets soumis à l'impôt et de la
quotité des taxes. L'une des expéditions est transmise à l'Administration, l'autre reste à la sous-direction. (Circ. 22 , du 14 juin
1825.)

Le sous-directeur transmet à l'Administration les rapports trimestriels des préposés en chef.

Il se préoccupe de l'organisation des octrois et de l'emplacement
des bureaux au point de vue de la perception des droits d'entrée
et de taxe unique.

[illegible] du [illegible] décembre

[illegible] exception, [illegible] réglés [illegible] de programme et de [illegible] calcul d'analyse et au classe [illegible] dont [illegible]

[illegible]

[illegible]

Il tient la main, sous sa propre responsabilité, à ce que les receveurs d'octrois fassent de fréquents versements. (Circ. 48, du 22 août 1832.)

VI. — **Redevances, francs-bords, etc.** — Voir la note de la direction et la circulaire du 26 mai 1863.

VII. — **Sucres.** — Des laboratoires ont été créés dans les centres sucriers en exécution à la loi du 29 juillet 1875, qui prescrit le recours aux procédés saccharimétriques pour contrôler l'indication des types.

Voici les principales obligations des directeurs ou sous-directeurs auprès desquels sont installés ces laboratoires :

Assurer la plus grande célérité dans les envois d'échantillons et dans les opérations des laboratoires (L. C. 51, du 24 décembre 1875) ;

Inscrire les échantillons, dès leur réception, sur un registre d'ordre numéroté où l'on porte les dates de réception et de transmission, les renseignements relatifs à l'analyse et au classement; coller, sur l'étiquette 60, dont est muni l'échantillon transmis au laboratoire, une étiquette 61 qui la recouvre entièrement ;

Voir si les échantillons sont exactement inscrits au laboratoire sur le registre d'analyse 62, s'ils sont analysés le jour même ou le lendemain au plus tard, si les résultats de l'analyse sont indiqués sur le carnet 62 et l'étiquette 61 ; recevoir les ampliations du registre 62, arrêter le classement, etc. (L. C. 29, du 6 septembre 1877.)

VIII. — **Tabacs et poudres à feu.** — Le sous-directeur doit :

Prévenir tout retard dans les approvisionnements ;

Former pour chaque entrepôt de la circonscription un tableau indicatif des approvisionnements réglementaires; en rapprocher les états 65, les demandes 31 des entreposeurs. Réduire d'office les demandes exagérées, augmenter les insuffisantes (Circ. 17);

Proposer au directeur la fixation des contingents alloués aux débits qui vendent des tabacs de zone. (Le sous-directeur peut, par des considérations imprévues, accorder d'urgence des suppléments. (Circ. 257, du 18 janvier 1879, et 267, du 30 mai 1879);

Proposer, s'il y a lieu, la modification du maximum des livraisons de tabac de cantine aux établissements hospitaliers;

Assurer l'exécution des règlements relatifs à la délivrance des tabacs de troupe.

(Voir, pour les livraisons aux troupes, circulaire 179, du 21 janvier 1854; aux douaniers, circulaire 184, du 1er mars 1876; aux équipages de la flotte et aux troupes de la marine, circulaire 278, du 14 octobre 1879; aux préposés forestiers, circulaire 199, du 20 octobre 1876; aux officiers mariniers en disponibilité hors des ports maritimes, circulaire 142, du 4 mars 1875);

Tenir avec soin la comptabilité des bons de tabac de troupe; en suivre l'emploi sur un registre spécial; faire apposer par un commis sur chaque bon un timbre humide portant le numéro du débit.

Ne pas laisser sortir ce timbre de la sous-direction; faire détruire sous ses yeux les bons hors d'usage et transmettre au directeur, qui les conserve dans ses archives, les procès-verbaux constatant cette destruction (Circ. 17);

Donner suite aux procès-verbaux administratifs constatant des manquants et des excédents de tabac de troupe chez les débitants;

Appeler les factures avec le registre des ventes journalières 64 A;

Tenir la main à ce que les débitants ne soient contraints ni directement ni indirectement à employer pour le transport des tabacs le garçon de magasin de l'entrepôt ou un commissionnaire attaché à l'entrepôt (Note du 12 août 1863);

Veiller à ce que les débitants n'achètent de timbres-poste qu'aux bureaux de poste (Circ. 197, du 21 août 1876);

Dans les départements les plus exposés à la contrebande, faire

CHAPITRE VIII

[illegible]

prendre à l'improviste des échantillons de tabac dans les débits et les transmettre à l'Administration qui les fait analyser;

Dresser l'état des bénéfices 165, y mentionner pour mémoire les sous-débits. (Circ. 17.)

Une expédition des états mensuels 65 A (tabacs) et B (poudres) reste entre les mains du sous-directeur. (Circ. 310, du 1ᵉʳ août 1855.)

Il préside les conseils appelés à expertiser les tabacs saisis, dresse et mandate les états de répartition 71.

Il arrête le décompte des frais de transport des tabacs et poudres et en autorise le payement pour les entrepôts de sa résidence; pour les autres entrepôts, il ne vérifie qu'en fin de mois la régularité des payements effectués d'office par les entreposeurs.

Il peut réduire le minimum des achats faits à l'entrepôt par les débitants. Ce minimum est fixé d'une manière générale à 10 kilogrammes.

CHAPITRE VIII.

APUREMENT DES ACQUITS-À-CAUTION.

Les sous-directeurs suivent l'apurement de tous les acquits délivrés dans leur division. Ils se renvoient directement les pièces concernant ce service; ils se donnent avis des déclarations de transit, saisies, décisions concernant des acquits annexés à des procès-verbaux.

Tant qu'un acquit n'est pas inscrit en retard au registre 166, le sous-directeur peut en autoriser la décharge moyennant le payement du simple droit ou la prise en charge au compte d'un assujetti. Mais s'il s'agit d'abandonner le simple droit, la décision appartient au directeur ou à l'Administration.

Quant aux acquits inscrits en retard, le sous-directeur ne peut apurer lui-même que ceux qui rentrent régulièrement déchargés.

44

Pour les autres, le directeur ou l'Administration doivent nécessairement intervenir.

Si les droits ont été constatés et, à plus forte raison, s'ils ont été perçus, l'Administration seule peut en accorder la décharge ou la restitution.

Quant aux congés de colportage, acquits de sucres et de sels, la remise même du simple droit ne peut jamais être accordée que par l'Administration.

La loi du 21 juin 1873 ayant réduit à quatre mois le délai pendant lequel s'exerce le recours contre les soumissionnaires, le sous-directeur doit exiger la plus grande exactitude dans le retrait, la décharge et la remise des acquits. Ceux-ci doivent être retirés à chaque exercice, déchargés le jour même ou le lendemain au plus tard, et remis à la sous-direction à chaque versement. S'il arrive même que des employés déchargent un acquit d'extérieur plus de quarante jours après la réception des boissons, ils dressent immédiatement un bulletin n° 6 analysant l'acquit, et le sous-directeur expédie sans retard ce bulletin à la direction ou sous-direction d'origine.

Quelques sous-directeurs, craignant des lenteurs dans le travail d'apurement, ont cru éviter la prescription en faisant souscrire aux soumissionnaires habituels l'engagement de ne jamais se prévaloir de la nullité des contraintes décernées hors délai. C'est une précaution illusoire. Il en est de même des actes de renonciation souscrits par des soumissionnaires désireux d'éviter les frais de contraintes conservatoires. (Lettre de l'Administr. du 10 oct. 1874.)

A chaque versement, le sous-directeur certifie sur les registres 49 des recettes ambulantes et des postes à pied, dont le chef n'est pas un contrôleur ou un commis principal de 1re classe, qu'il a fait l'appel des acquits avec ces registres et les portatifs. (Instr. du 15 février 1827, §§ 35 à 55.)

Il vérifie les décharges, vise tous les acquits relatifs à des transports de spiritueux ou de boissons destinés à l'étranger, à une foire ou à un marché. (Circ. 76, du 22 novembre 1852.)

[illegible] [illegible] [illegible]
[illegible]

[illegible] [illegible] [illegible]
[illegible]
[illegible]

[illegible] [illegible] [illegible]
[illegible]
[illegible]

[illegible] [illegible] [illegible]
[illegible] [illegible]
[illegible]
[illegible]
[illegible]
[illegible]
[illegible]
[illegible]
[illegible]
[illegible]
[illegible]

[illegible] [illegible]
[illegible]
[illegible]

[illegible] [illegible]
[illegible]
[illegible]
[illegible]

[illegible] [illegible]
[illegible]
[illegible]
[illegible]
[illegible]

[illegible] [illegible]
[illegible]
[illegible]

Il exige que les employés analysent au verso des acquits les lettres de voiture, bulletins de transport, connaissements représentés par les destinataires de boissons spiritueuses, quand le trajet excède deux myriamètres. (Circ. 43, du 2 mars 1872.)

Il examine avec soin les acquits dont le retrait tardif peut révéler des exercices fictifs.

Il voit si les chefs locaux de service ont visé les relevés n° 7 établis par les receveurs buralistes, si l'emploi des cases non utilisées pour la délivrance des acquits est justifié (Inst. du 15 février 1827), si les acquits annulés, détachés de la souche, ou rapportés par les soumissionnaires avant qu'il en ait été fait usage, sont joints à ces relevés.

Les acquits d'extérieur, classés au fur et à mesure des versements, sont transmis aux sous-directions d'origine dans les cinq premiers jours du mois qui suit la décharge. (Circ. 94, du 5 juillet 1873.)

Les acquits déchargés et rentrés servent à l'annotation des relevés n° 7 ; dans le cours du second mois qui suit celui pendant lequel les délais de transport ont pris fin, le sous-directeur demande, pour les acquits non rentrés, des renseignements au lieu de destination. Il fait usage du bulletin n° 6 dans l'arrondissement et de la formule 109 au dehors. (Circ. 480, du 29 janvier 1851.)

Les chefs locaux de service doivent répondre dans la huitaine ; le sous-directeur envoie une nouvelle demande s'il n'a pas reçu les renseignements au bout de dix jours pour l'intérieur et de quinze pour l'extérieur. (Circ. 470, du 4 avril 1831.)

Il inscrit ensuite au registre 166 les acquits en retard ; cette inscription doit avoir lieu au plus tard dans le troisième mois qui suit celui pendant lequel les délais de transport ont pris fin. Lors des versements, le sous-directeur fait inscrire ces acquits sur les registres 167 des recettes particulières et vise ces registres. (Instr. du 15 février 1827, § 117.)

Quand l'acte de décharge fait ressortir une différence en moins non justifiée, l'acquit figure de même aux registres 166 et 167. (Instr. du 15 février 1827, § 118.)

Un compte spécial est ouvert au 166 pour les acquits de transit : les avis de transit et les bulletins de cessation y sont annotés. En cas de suspension prolongée du transport, il convient de s'assurer au lieu de séjour si le transit continue réellement.

Le sous-directeur transmet à ses collègues les avis de transit en double expédition et s'assure qu'une des expéditions lui revient avec la mention d'inscription au 166 et la signature du destinataire.

Les acquits de saisie figurent également à un compte distinct du 166. (Circ 480, du 29 janvier 1851.)

Le sous-directeur adresse des avertissements aux soumissionnaires dans le délai voulu et fait décerner contrainte si les avertissements restent sans effet. (Circ. 94, du 5 juillet 1873.)

Même en cas de saisie, la contrainte doit être décernée avant l'expiration des délais ordinaires de prescription, ces délais n'étant nullement interrompus par l'effet des procès-verbaux. (Circ. 480.) Les transactions intervenant au sujet des contraventions statuent en même temps sur les acquits de saisie.

Le sous-directeur transmet ses propositions pour l'apurement des acquits en double expédition si l'affaire est de la compétence de la direction, en triple expédition si l'Administration doit intervenir. L'une des expéditions, revêtue de la décision rendue, reste à la direction, l'autre, annotée de même, revient à la sous-direction. (Circ. 310, du 1ᵉʳ août 1855.)

Le sous-directeur dresse l'état trimestriel 196 des constatations faites à titre de simples, doubles ou sextuples droits; l'état trimestriel 112 de situation des acquits-à-caution; l'état 100 B des répartitions en cette matière.

Les acquits apurés sont enliassés et conservés dans les archives. (Voir Inst. du 15 février 1827, § 116, et Circ. 504, du 29 décembre 1851, page 9.)

Une fois déchargés, les *acquits de sucres* reviennent aux bureaux d'émission. Les chefs de service locaux, après avoir constaté la ré-

[illegible]

gularité des décharges, les annexent à la souche. Les employés supérieurs en tournée s'assurent de l'apurement et de la rentrée des acquits. Un registre annuel des acquits en retard n° 14, tenu en double expédition dans chaque fabrique ou entrepôt, reçoit l'inscription de tout acquit non rentré dans les deux mois qui suivent l'expiration du délai accordé pour le transport. Une des expéditions du registre 14 est envoyée deux fois par mois au directeur ou sous-directeur, qui inscrit en regard de chaque acquit le folio d'inscription au registre 15. Il fait ensuite le nécessaire pour assurer l'apurement. Quand tous les acquits de l'année sont apurés ou inscrits au registre 14, une des expéditions de ce registre est conservée à la sous-direction. (Circ. 983, du 28 décembre 1864.)

Lorsque des acquits sont délivrés *sans réserve* aux fabricants qui s'engagent à payer le supplément de taxe en cas de surclassement des sucres ainsi expédiés, ces engagements sont relatés sur un carnet tenu à la sous-direction : les résultats des classements y sont inscrits, et dans le cas de surclassement, il y a lieu de faire le décompte du supplément de droit exigible et d'en assurer le recouvrement. (L. C. 29, du 6 septembre 1876.)

Voir pour les acquits délivrés en matière de :

Papiers. — La circulaire 101 du 10 septembre 1873;

Tabacs destinés à l'exportation. — Celle du 28 février 1861, n° 738;

Dynamite. — Celle du 28 décembre 1875, n° 179.

Les règles relatives à la suite et à l'apurement des acquits-à-caution s'appliquent aux *congés de colportage n° 5.* En cas de transit ou de saisie, les sous-directeurs en sont avisés par des bulletins 6 D. (Circ. 310, du 1er août 1855.)

48

CHAPITRE IX.

CONTENTIEUX.

L'étude de la fraude, de ses habitudes et des moyens de la combattre rentre dans les attributions du sous-directeur. (Circ. 100, du 5 septembre 1873.) Il doit stimuler le zèle des agents négligents.

Les procès-verbaux constatant les contraventions lui sont adressés avec les pièces à l'appui (rapport sommaire, état de frais, etc.) (Circ. 17.)

Le sous-directeur enregistre chaque procès-verbal au mémorial 122 A, envoie au directeur copie du procès-verbal et une expédition du rapport sommaire, instruit l'affaire, demande des explications s'il y a lieu, et, quand l'instruction est complète, convoque le contrevenant. (Circ. 17.)

Les procès-verbaux dressés en vertu de la loi du 21 juin 1873, article 9, contre un assujetti et un recéleur motivent deux inscriptions au mémorial 122 A. (L. C. du 2 février 1874.)

Les contestations entre l'Administration et les assujettis qui réclament l'abonnement y sont inscrites. (Circ. 310, du 1er août 1855.)

Quant aux procès-verbaux dressés par les employés des contributions indirectes à la requête des administrations étrangères, ils ne figurent au mémorial qu'après le versement de la part revenant aux employés dans la répartition, mais il est tenu note à la fin du mémorial de tous les actes répressifs dressés pour le compte des autres administrations. (L. C. 33, du 6 novembre 1876.)

Le sous-directeur autorise, avec imputation au compte des avances provisoires, le payement des frais de saisie, frais de poursuites, etc.

Il mentionne au mémorial les arrestations des prévenus et frais de transport s'il y a lieu. Il y note les avertissements envoyés aux contrevenants et veille à ce qu'il ne soit pas fait abus des formules affranchies au tarif réduit que l'Administration fournit à cet effet. (L. C. 24, du 21 novembre 1877.)

Un délai de trente jours est accordé aux contrevenants pour obtenir un arrangement. Passé ce délai, une assignation est délivrée; elle ne peut l'être qu'avec l'assentiment du directeur, mais l'autorisation doit être demandée assez tôt pour que le délai ne soit pas dépassé. (L. C. 23, du 4 octobre 1877.)

La circulaire 450 du 8 juin 1850 indique les considérations dont les agents doivent tenir compte pour la conclusion dés transactions.

La règle générale est la sévérité pour la fraude intentionnelle, l'indulgence quand la contravention résulte d'ignorance ou d'omission involontaire. (Circ. 217, du 25 août 1877.)

Quand des boissons ont été saisies au préjudice d'un assujetti, le sous-directeur se fait fournir un certificat de prise en charge à son compte.

Le montant des transactions doit être versé avant la signature de l'acte par les parties. (Circ. 22, du 8 octobre 1831; Circ. 92, du 9 décembre 1834, p. 3.)

Doivent être enregistrées, dans les vingt jours de leur date au plus tard : 1° les transactions emportant abandon d'objets saisis destinés à être vendus publiquement, sauf le cas où la transaction est postérieure à un jugement; 2° les ordonnances des juges de paix autorisant la vente à titre conservatoire des objets périssables. (L. C. 24, du 21 novembre 1877.)

En cas de vente d'objets saisis sur inconnus ou abandonnés à la Régie, l'acquéreur doit supporter les frais du procès-verbal d'adjudication. (L. C. 24, du 21 novembre 1877.)

Toutes les affaires sont soumises au directeur, qu'il y ait ou non transaction. (Circ. 17.)

En cas d'abandon, le sous-directeur forme un état 98 pour l'admission des frais en dépense. (Circ. 17.)

Lorsque, à la suite d'une saisie commune dans une ville à octroi, l'affaire est abandonnée, la moitié des frais non recouvrés doit être supportée par l'octroi. (Déc. min. du 10 février 1807.)

Les transactions de la compétence du directeur lui sont soumises par feuilles d'avis 122 C, dressées en double expédition. Lorsque le Ministre ou l'Administration doivent intervenir, les transactions sont adressées sur états mensuels collectifs 122 D.(Circ. 310, du 1er août 1855, et 7, du 7 juin 1869.)

Une expédition des feuilles 122 C et des états 122 D, revêtue des observations et décisions du directeur ou de l'Administration, est renvoyée au sous-directeur, qui la conserve.

S'il y a lieu de suivre l'affaire à défaut de transaction, le sous-directeur fait délivrer une assignation et suit l'instance devant le tribunal compétent. (Circ. 17.)

Il donne avis au directeur de tout jugement rendu pour ou contre la Régie, mais il ne lève les jugements et ne les fait signifier qu'avec l'autorisation du directeur.

Voir, pour les affaires en appel, la circulaire 310, du 1er août 1855, et, en général, pour les instances, les circulaires 479, du 23 janvier 1851 ; 64, du 28 septembre 1852 ; 310, du 1er août 1855, p. 45 ; 274 du, 10 septembre 1879. — Pour le taux des honoraires des avocats et des avoués, voir la circulaire 328, du 2 décembre 1845.

Il ne suffit pas d'inviter les défenseurs de la Régie à régler leurs honoraires selon le tarif de 1807. Le sous-directeur doit y veiller personnellement (*Réponse de l'Administration au rapport de l'inspection des finances sur la direction de la Haute-Loire, tournée de 1877.*)

La répartition du produit des amendes et confiscations ne peut avoir lieu qu'après l'approbation des transactions et l'exécution des jugements. (Circ. 310, du 1er août 1855.)

Le sous-directeur dresse les états de répartition et l'état mensuel 100 A des consignations restituées ou réparties. Il décide s'il y a lieu d'accorder une part d'indicateur. Une expédition de ces états reste à la sous-direction (1). (Circ. 17 et L. C. 24, du 21 novembre 1877.)

---

(1) Circulaires à consulter dans les espèces ci-après :

Contentieux en matière d'allumettes. (Circ. 166, du 13 août 1875.)

Saisies communes à l'octroi et à la Régie. (Circ. 18, du 16 janvier 1817 ; Circ. 83, du 19 février 1873.)

Il établit également en double expédition l'état trimestriel 125 de situation des affaires contentieuses; les deux expéditions sont annotées des décisions de l'Administration; l'une reste à la direction, l'autre revient à la sous-direction.

Les recherches à faire dans les écritures des compagnies de chemins de fer ou des entrepreneurs de transport en vue de constater la fraude sont autorisées par le sous-directeur. (Circ. 240, du 26 juin 1878.)

Il donne aux employés d'un grade inférieur à celui de contrôleur les autorisations nécessaires pour procéder à des visites chez les assujettis. (Circ. 17.)

Il fait inscrire ces ordres de visite et ceux qui sont délivrés par les autres employés supérieurs, quel qu'en soit l'objet, sur un registre spécial où sont indiqués en même temps les résultats des perquisitions et l'importance des saisies.(L.C. 10, du 4 mai 1877.)

CHAPITRE X.

COMPTABILITÉ.

Par délégation du directeur, le sous-directeur ordonnance les dépenses applicables au service des contributions indirectes dans sa circonscription. Il dresse les tableaux d'appointements, établit les états 100 A et 100 B des consignations restituées ou réparties.

Il tient le registre 90, où sont dépouillés les bordereaux des recettes 80 A qu'il reçoit directement des comptables.

Il vise les documents de comptabilité fournis par le receveur prin-

---

Procès-verbaux en matière de tabacs (Circ. 738, du 28 février 1861); — en matière de spiritueux (Circ. 113, du 2 février 1874; Circ. 138, du 8 février 1875; Circ. 190, du 20 mai 1876); — contre un assujetti et un recéleur (L. C. du 2 février 1874); — constatant une infraction punie d'une peine corporelle (Circ. 288, du 29 janvier 1880); — constatation d'injures, menaces, rébellion, en même temps que de contraventions aux lois d'impôt. (L. C. n° 5 du 5 février 1875.)

Répartitions. (Circ. 33 du 28 décembre 1871, et 217, du 25 août 1877.)

4.

cipal, examine et vise les demandes d'impressions, instruments, etc. faites par ce dernier, vise celles des chefs locaux de service et comptables au vu desquelles sont faites les livraisons par le receveur principal, délivre les bons relatifs au remplacement et à l'échange des ustensiles et instruments hors d'usage. (Circ. 17.)

Lorsqu'il y a des fabricants de cartes dans la circonscription, il s'assure que les papiers leur sont livrés dans l'ordre de leur réception. (Circ. du 31 décembre 1832.)

Il assiste à l'inventaire général des impressions timbrées ou non, vignettes et instruments fait en fin d'année, à la recette principale. Il reçoit copie de l'inventaire général, fait à la même date par les receveurs particuliers, des quantités existant en leur possession ou dans les recettes buralistes. (Circ. 171, du 2 septembre 1875.)

Il veille à l'apurement des dépenses inscrites au compte des avances provisoires et fournit à cet égard des explications dans un relevé spécial annexé au rapport 105. (L. C. n° 4, du 28 février 1878.)

Il reçoit, classe avec soin par recette, et conserve les talons des obligations 147 souscrites par les assujettis. Ce talon doit être signé par le redevable, et la signature doit être certifiée par le receveur et le commis principal dans les recettes ambulantes, par le comptable et le chef local de service dans les postes sédentaires. (Circ. 61, du 23 août 1872.)

Le sous-directeur règle avec les assujettis le loyer des locaux qu'ils peuvent être tenus de mettre à la disposition des employés, si l'Administration le requiert.

Il établit le décompte des frais d'exercice à rembourser par les fabricants de dynamite et s'assure qu'ils ont souscrit au commencement de chaque année, sur un registre 52 C, l'obligation de rembourser ces frais. (Circ. 174, du 28 décembre 1875.)

Il vérifie le décompte des remises des receveurs buralistes. (Les bulletins de subdivision de chargement 5 *ter* entrent dans ce calcul. (Circ. 263, du 14 février 1879.)

Il fait tenir dans ses bureaux : 1° **le registre de comptabilité** 102,

[illegible]

CHAPITRE [illegible]

CONSTANTE DE LA LOI

[illegible]

[illegible]

[illegible]

[illegible]

[illegible] [illegible] [illegible] [illegible] [illegible] [illegible] [illegible] [illegible] [illegible] [illegible] [illegible] [illegible] [illegible] [illegible] principal. [illegible] [illegible] [illegible] [illegible] [illegible] [illegible] [illegible] [illegible] [illegible] [illegible] [illegible] [illegible] [illegible]

[illegible] [illegible] [illegible] [illegible] [illegible] [illegible] [illegible] [illegible] [illegible] [illegible] [illegible] [illegible] [illegible] [illegible] [illegible] [illegible]

[illegible] [illegible]

[illegible] [illegible] [illegible] [illegible] [illegible] [illegible] [illegible] [illegible] [illegible] [illegible] [illegible] [illegible] [illegible] [illegible]

[illegible] [illegible] [illegible] [illegible] [illegible] [illegible] [illegible] [illegible] [illegible] [illegible] [illegible] [illegible] [illegible] [illegible] [illegible] [illegible] [illegible] [illegible] [illegible]

[illegible] [illegible] [illegible] [illegible] [illegible] [illegible] [illegible] [illegible] [illegible] [illegible] [illegible] [illegible]

[illegible] [illegible] [illegible] [illegible] [illegible] [illegible] [illegible] [illegible] [illegible] [illegible] [illegible] [illegible] [illegible] [illegible] [illegible] [illegible] [illegible] [illegible]

[illegible] [illegible] [illegible] [illegible] [illegible] [illegible] [illegible] [illegible] [illegible] [illegible] [illegible] formé à l'aide du dépouillement des états de produits; 2° le registre de statistique 103. Les indications que comportent les cadres y sont inscrites en fin d'année, d'après les sommiers 76.

Les mêmes renseignements se retrouvent dans les relevés annuels 104 A et 104 B fournis à l'Administration. (Circ. 282, du 12 décembre 1879.)

CHAPITRE XI.

CORRESPONDANCE.

La circulaire 100, du 5 septembre 1873, recommande la prompte expédition des affaires, l'envoi régulier des productions périodiques et autres.

Le sous-directeur garde minute de tous les états fournis à l'Administration ou à la direction. (Circ. 310, du 1er août 1855.)

Il doit rendre compte de tous les faits et incidents quelconques intéressant l'Administration.

Il examine et annote : 1° les rapports trimestriels des contrôleurs et commis principaux chefs de poste; 2° les bordereaux 86 D formés et transmis sans retard par ces agents à la suite de leurs vérifications chez les buralistes; 3° les rapports annuels 70 C fournis par les receveurs ambulants sur l'état du service et les produits. (Circ. 282, du 12 décembre 1879.)

Lors des versements, il consigne ses observations sur les registres des ordres généraux. Ces registres lui sont également envoyés à la suite des vérifications faites par les inspecteurs. (Circ. 17.)

Il rédige un rapport annuel 105 divisé en quatre parties : 1° discussion des produits; 2° recouvrements et comptabilité; 3° contentieux; 4° personnel. (Circ. 282, du 12 décembre 1879.)

Voir, pour les archives et les objets à remettre au domaine, les circulaires du 20 octobre 1823, du 2 septembre 1833 et du 7 décembre 1837.

... DES INSPECTEURS

SERVICE DES INSPECTEURS.

CHAPITRE [illegible]

[illegible]

[illegible]

CHAPITRE Ier.

INSPECTEUR DU SERVICE GÉNÉRAL.

Les inspecteurs du service général ne sont plus que des vérificateurs, les attributions purement administratives qu'ils possédaient autrefois ayant été transférées aux directeurs et aux sous-directeurs.

Ils sont sédentaires ou ambulants : l'action de l'inspecteur sédentaire se réduit à la ville où il est en résidence. Celle de l'inspecteur ambulant s'étend à tout le département, à l'exception des villes où se trouve un inspecteur sédentaire.

Tous les inspecteurs fournissent un cautionnement de 5,000 fr. (Circ. 259, du 25 janvier 1879.)

Lorsqu'il y a plusieurs inspecteurs ambulants dans un même département, ils ne relèvent que du directeur et résident tous au chef-lieu du département. (Circ. 13, du 27 novembre 1869.)

A la fin de chaque mois, le directeur désigne aux inspecteurs les vérifications qu'ils auront à faire pendant le mois suivant.

La moyenne des jours consacrés aux exercices et vérifications doit être de vingt par mois en moyenne, jours de route non compris.

En principe, les inspecteurs vérifient trois postes par mois, de façon à rester six ou sept jours dans chacun.

Il leur est interdit de quitter avant la fin de leurs opérations le siège d'une circonscription extérieure d'exercice pour rentrer le soir à leur domicile.

Le directeur doit être tenu au courant de tous leurs mouvements.

Voir les circulaires n°s 13, du 27 novembre 1869; 17, du 16 mars 1870, et 282, du 12 décembre 1879.

ART. 1ᵉʳ.

VÉRIFICATION D'UN CONTRÔLE, D'UN POSTE À PIED
OU D'UNE RECETTE AMBULANTE.

A son arrivée dans un poste, l'inspecteur établit la situation de la caisse des comptables, vise le registre d'ordres, examine sommairement les écritures pour voir si elles sont à jour. Chaque vérification fait l'objet d'un rapport spécial 86 A, qui comprend treize cadres :

1° *Renseignements sur le personnel.* — Les indications nécessaires sont fournies par les employés eux-mêmes, mais l'inspecteur dresse pour chaque agent et joint au rapport deux feuilles de signalement 137 B : il fait connaître notamment si les commis principaux des recettes ambulantes s'acquittent bien de leurs fonctions, s'ils sont aptes aux travaux de comptabilité, capables de remplacer le receveur en cas d'empêchement ; au besoin, il leur fait subir des épreuves écrites qui sont jointes aux feuilles 137 B. (Circ. 238, du 29 avril 1878.)

2° *Situation comparative des produits.* — L'inspecteur indique les causes principales des augmentations et des diminutions.

3° *Droits de détail et de consommation.* — *Bières.* — Il exprime son opinion sur l'action du service, sur la manière dont les prix de vente sont discutés, s'occupe lui-même de cette discussion et mentionne les augmentations qu'il a obtenues.

4° *Recouvrements et poursuites.* — L'inspecteur s'assure chez les redevables de la réalité des restes à recouvrer et des causes de retard ; il indique les mesures qu'il a prescrites pour y remédier, et fait connaître si les cotes irrecouvrables ont été l'objet des mesures conservatoires nécessaires. (Circ. 445, du 5 février 1857, page 44 ; Circ. 282, du 12 décembre 1879.)

[illegible]

[illegible]

[illegible]

[illegible]

[illegible]

5° *Emploi du temps.* — Il recherche si les employés se rendent aux fêtes, foires et marchés, s'ils tiennent compte, pour la fixation des exercices, de toutes les circonstances de nature à influer sur les produits.

Durant son séjour, il donne l'ordre par écrit, en indiquant s'il participe à l'exécution. (Circ. 61, du 23 août 1872.)

Il s'assure sur le terrain de la bonne direction et de l'exécution du service, voit les tournées en entier autant que possible, ou bien il indique au registre d'ordres pourquoi il n'a pas pu le faire.

Dans les débits de boissons qu'il exerce, il peut accorder décharge des vins, cidres, poirés, hydromels perdus ou gâtés.

Il autorise de même la décharge des spiritueux dont la perte est justifiée chez les débitants autres que les liquoristes.

Mais il doit signer les actes qui constatent ces décharges et qui ne sont pas alors soumis au visa du sous-directeur.

L'inspecteur n'est pas tenu de viser les bulletins de présence 86 C. (Circ. 282.)

Il mentionne au rapport 86 A les dates des exercices auxquels il a pris part et signale les irrégularités ou lacunes qu'il a relevées.

Il recherche les individus qui, distillant des vins fabriqués avec des raisins secs ou des marcs provenant de cette fabrication, en dehors de ceux de leurs récoltes, ne peuvent être considérés comme bouilleurs de cru exempts des droits et de l'exercice. (Circ. 272, du 4 septembre 1879.)

En ce qui concerne le service de la garantie, il doit être muni des plaques de reconnaissance des divers poinçons en usage ; il lui est spécialement recommandé de vérifier les marchands domiciliés ou ambulants, dans les recettes où les employés n'ont pas d'instruments. (Circ. 14, du 6 décembre 1824.)

6° *Surveillance à la circulation.— Vérification des boissons en transit.* — L'inspecteur indique le nombre des articles en transit vérifiés pendant son séjour, voit si les employés se conforment à la circulaire 285 du 30 avril 1875, et font en sorte que le service des domaines puisse prendre possession des boissons en dépôt depuis six mois chez les entrepreneurs de roulage et de messageries. Il examine les portatifs de transit et s'assure de l'exacte transmission des avis 6 D.

7° *Situation du contentieux.* — L'inspecteur fait connaître les procès-verbaux rapportés pendant son séjour : en marge, le directeur indique le montant des transactions.

L'inspecteur doit exprimer son opinion sur la manière dont les employés combattent la fraude ; il dirige les surveillances de jour et de nuit, en tenant compte des circonstances particulières, telles que fêtes publiques, marchés, passage de troupes, etc., recherche la fraude chez les abonnés rédimés, etc., ainsi qu'en matière de tabacs et de cartes à jouer, s'occupe de la circulation des boissons et voitures publiques. (Circ. 87, du 17 avril 1873, et 61, du 23 août 1872.)

Il utilise et fait utiliser contre les fraudeurs la faculté de compulser les registres de chemins de fer ou des entrepreueurs de transport. (Circ. 240, du 26 juin 1878.)

Un arrêté ministériel du 27 mai 1875 (Voir circulaire 154) ayant admis les inspecteurs au partage du produit des amendes et confiscations, en leur attribuant deux parts d'employé, quelques-uns apportent trop d'ardeur dans la répression de la fraude, ou notent avec partialité les employés qui ne leur réservent pas l'occasion de dresser de bons procès-verbaux.

8° *Renseignements sur les cautionnements des entrepositaires.* — L'inspecteur examine si les actes sont réguliers et les cautions solvables.

9° *Résultats de la vérification des recettes buralistes et des bureaux d'entrée.* — *Contrôle des feuilles F, passe-debout, certificats de sortie.* — Il suffit d'un compte rendu sommaire indiquant seulement les principales lacunes relevées, les critiques sérieuses qui ont été faites.

[illegible]

[illegible]

— 123 —

[illegible] [illegible] [illegible] [illegible] [illegible]
[illegible] [illegible] [illegible] [illegible] [illegible]
[illegible] [illegible] [illegible] [illegible] [illegible]
[illegible]

[illegible] [illegible] [illegible] [illegible]
[illegible] [illegible] [illegible]
[illegible] [illegible]

[illegible] [illegible] [illegible] [illegible]
[illegible] [illegible] [illegible] [illegible]
[illegible] [illegible] [illegible] [illegible]
[illegible] [illegible] [illegible] [illegible]
[illegible] [illegible] [illegible] [illegible]
[illegible] [illegible] [illegible] [illegible]
[illegible] [illegible] [illegible]
[illegible]

[illegible] [illegible] [illegible] [illegible]
[illegible] [illegible] [illegible]
[illegible] [illegible]

[illegible] [illegible] [illegible] [illegible]
[illegible] [illegible] [illegible]
[illegible] [illegible] [illegible]
[illegible] [illegible] [illegible]
[illegible] [illegible] [illegible]
[illegible] [illegible]

[illegible] [illegible] [illegible]
[illegible] [illegible] [illegible]
[illegible]

[illegible] [illegible] [illegible] [illegible]
[illegible] [illegible] [illegible]
[illegible] [illegible] [illegible]
[illegible] [illegible] [illegible]

L'inspecteur examine si les bulletins 6 A sont exactement formés et transmis en temps utile; il se rend compte de la suite donnée aux bulletins 6 A et 6 C reçus par les employés.

10° *Résultats de la vérification des écritures des employés* (portatifs, registres 49, 50 D, etc). — Il s'assure, au moins par épreuves, de la concordance des portatifs avec les registres des recettes buralistes. Il constate ses vérifications par un visa, prescrit les rectifications nécessaires, fait les recommandations que motivent les erreurs ou omissions.

Il se rend compte de l'état des instruments, voit si les circulaires sont au complet et reliées.

11° *Recettes à cheval.* — *Renseignements sur l'état des chevaux et des voitures.* — Il recherche si les employés sont personnellement propriétaires de leurs chevaux, ou si le receveur est propriétaire du cheval lorsqu'il n'y en a qu'un. Il s'assure que le service peut s'exécuter dans de bonnes conditions avec les moyens de transport dont les employés disposent. (L. C. 29, du 16 décembre 1878; Circ. 282.)

La voiture doit être disposée de telle sorte que l'inspecteur puisse y prendre place avec les deux employés. (Circ. 17.) Dans les recettes où les employés sont autorisés à n'avoir que des chevaux sans voitures, il doit se pourvoir à ses frais des moyens de transport. (Circ. 259, du 25 janvier 1879.)

12° *Indication des quittances rapprochées des souches des registres de perception pendant la vérification de l'inspecteur.* (Voir circulaires 488, du 19 juillet 1851, et 310, p. 7.)

°13 *Observations sur l'ensemble du service.* — Dans les recettes ambulantes, l'inspecteur fait connaître notamment si les deux employés vivent en bonne intelligence; si chacun s'acquitte de ses obligations, sans en laisser, même en partie, la charge à son collègue et sans empiéter sur les siennes.

ART. 2.
VÉRIFICATION DES COMPTABLES.

L'action de l'inspecteur s'étend sur tous les comptables, y compris les receveurs principaux.

Il arrête tous les registres de perceptions.

En cas d'urgence, il suspend tout employé dont il importe d'arrêter la gestion. (Circ. 76, du 22 novembre 1852.)

Il force en recette les comptables des sommes dont la perception aurait été omise par suite d'erreurs matérielles. (Circ. 51, du 23 août 1852.)

L'inspecteur appelé dans un poste en dehors de ses tournées par un incident quelconque doit toujours procéder à la vérification de la caisse et des écritures du comptable. Dans ce cas, il se sert de la formule 86 G, en indiquant sommairement dans la colonne d'observations les résultats de ses investigations.

Receveurs buralistes. — L'inspecteur dresse chez ces comptables des bordereaux 86 D, qu'il met à la poste le jour même et dans la localité où réside le comptable. (Circ. 61, du 23 août 1872.)

Il reçoit du directeur les tableaux 33 (dressés par le sous-directeur) qui donnent les résultats des registres épuisés transmis à la sous-direction : ces chiffres, joints à ceux des registres non épuisés, doivent reproduire les résultats généraux inscrits au relevé récapitulatif 33 B.

Il vérifie spécialement la perception du droit de consommation à l'arrivée, rapproche les registres n° 9 des portatifs 176 et doit être muni des relevés 82 B formés par les chefs locaux de service, afin de les rapprocher des registres des recettes buralistes. (Voir circulaires 56, du 12 janvier 1833, et 410, du 23 septembre 1856.)

Receveurs particuliers. — Le bordereau de situation de caisse est établi sur une formule 86 F, en marge de laquelle sont analysés les

[illegible]

[illegible] [illegible] [illegible]

[illegible]

[illegible] [illegible]

[illegible] [illegible] [illegible] [illegible]

[illegible] [illegible] [illegible] [illegible] [illegible] [illegible]

[illegible] [illegible] [illegible] [illegible] [illegible] [illegible]

[illegible] [illegible] [illegible] [illegible] [illegible]

[illegible] [illegible] [illegible]

récépissés 87 B des versements faits à la recette principale. (Circ. 61, du 23 août 1872.)

L'inspecteur rapproche les registres 74 et 75 des quittances délivrées aux receveurs buralistes.

Il vérifie et vise le registre des acquits en retard 167.

Il voit si les receveurs ont fait le nécessaire pour sauvegarder les droits du Trésor et donne les ordres convenables à cet effet.

Recettes principales. — Toute vérification donne lieu à la formation d'un bordereau 86 H, sur lequel l'inspecteur consigne les remarques et appréciations résultant de son examen.

Entrepôts des tabacs ou des poudres à feu. — Lorsqu'un inspecteur procède à un recensement général, il dresse un état 72 C, et spécifie dans la colonne d'observations les causes des augmentations ou des diminutions de consommation, des excédents et des déchets de magasin. Il donne son opinion sur la gestion de l'entreposeur, la régularité des écritures, la tenue du magasin, la moralité des auxiliaires du comptable.

Comptabilité des timbres et vignettes. — L'inspecteur doit établir au moins une fois par an la situation des vignettes, timbres et impressions timbrées chez tous les comptables qu'il vérifie.

Il fait aussi cet inventaire quand il est sur les lieux ou envoyé en mission, dans le cas de maladie, suspension ou décès d'un receveur particulier.

En cas de changement de gestion de la recette principale, un inspecteur ou sous-directeur doit assister au recensement. (Circ. 261, du 31 janvier 1879.)

Les situations sont établies sur les formules suivantes :

Recettes principales : timbres 106 D. — Vignettes 106 E.

Recettes particulières : 83 B.

Recettes buralistes, bureaux d'entrée ou d'octroi : 33 D.

64

Ces bordereaux restent annexés aux registres de comptabilité (106 A et C. — 83 et 83 A. — 33 B et 33 C).

La date et les résultats de la vérification sont constatés par une mention spéciale en toutes lettres sur ces divers registres.

L'inspecteur compte toutes les feuilles quand la consistance du magasin le permet; sinon il procède par épreuves et mentionne le comptage, avec la date de la vérification, sur la couverture des registres vérifiés, en choisissant de préférence ceux dont l'abus est le plus à craindre. Le nombre des registres et paquets comptés est indiqué sur les bordereaux de situation.

ART. 3.

ÉLÉMENTS DE CONTRÔLE DU SERVICE DES INSPECTEURS.

Chez les agents vérifiés, on peut consulter utilement les différents registres visés par les inspecteurs, notamment les *registres d'ordres*, *et ceux des ordres généraux* où l'inspecteur inscrit des observations qu'il n'est pas tenu de recopier sur ses rapports, mais qui doivent se rapporter seulement aux faits les plus importants; de simples remarques verbales suffisant pour le surplus.

S'il y a lieu d'exprimer soit un blâme contre un contrôleur ou un commis principal de première classe ou un receveur dirigeant des sections de commis, soit des griefs sérieux contre les employés, l'inspecteur s'abstient d'en faire mention au registre des ordres généraux et adresse des blâmes particuliers ou rédige des rapports spéciaux. (Circ. 310, p. 14 et 15.)

Lorsqu'il inscrit des observations à ce registre, il le fait signer en sa présence par les agents vérifiés.

Dans les cinq jours qui suivent la date de son départ du poste, l'inspecteur envoie au directeur son *rapport 86 A*, en y joignant : 1° le bordereau de situation de caisse 86 F dressé chez le receveur particulier sédentaire ou ambulant; 2° le relevé (établi sur une feuille du 50 D) des recensements effectués chez les marchands en gros; 3° les feuilles de signalement afférentes à chaque agent.

Le directeur annexe de son côté au rapport les bulletins de vérification de caisse 86 D, qui ont dû lui être transmis le jour même de leur formation. Il annote le rapport et l'adresse en double expédition à l'Administration dans les cinq jours qui suivent la réception.

Une expédition revêtue des observations de l'Administration est renvoyée au directeur, qui donne communication à l'inspecteur des réflexions qu'a suggérées l'examen de son travail.

En cas d'enquête, le rapport de l'inspecteur est rédigé *sur feuille 66* et communiqué à l'intéressé, qui doit présenter ses observations **ou** dire qu'il n'en a pas à formuler.

Quant aux bordereaux 86 G formés chez un receveur particulier sans vérification du service actif, 86 H dressés chez un receveur principal et 72 C relatifs à la situation des entrepôts, ils sont transmis à l'Administration par le directeur.

L'inspecteur tient un *registre 86 B* où il inscrit jour par jour et sur une seule ligne le relevé des vérifications de toute nature qu'il effectue. S'il n'a pas d'inscription à faire dans un mois entier, il indique la cause de cette lacune. En cas de changement, le registre 86 B se transmet d'un inspecteur à l'autre. Lorsqu'il est épuisé, il est déposé à la direction.

A la fin de chaque trimestre, l'inspecteur établit en double expédition sur *modèle 86 E* le résumé de son travail pendant la période écoulée.

Il indique : 1° la durée et la nature de ses vérifications dans chaque circonscription d'exercices, le nombre de jours consacrés spécialement à des enquêtes, vérifications sommaires, etc.; 2° l'emploi du temps pendant le trimestre et pendant le trimestre antérieur; 3° la part qu'il a prise aux exercices chez les assujettis; 4° les enquêtes, vérifications sommaires et contre-visites auxquelles il a procédé, avec mention des affaires qui ont donné lieu à des rapports spéciaux; 5° les résultats de ses constatations pour les tabacs et poudres à feu en garenne.

Ce résumé est remis en double expédition dans les dix premiers jours du trimestre suivant au directeur, qui l'annote et le transmet à l'Administration. Celle-ci renvoie l'une des expéditions au directeur avec ses observations, dont l'inspecteur doit recevoir immédiatement communication.

Consulter aussi le *registre de dépouillement 86 B* que doivent tenir les directeurs conformément à la circulaire 61, du 23 août 1872, pour contrôler l'emploi du temps des inspecteurs. Ceux-ci conservent minute de leurs rapports et de leurs correspondances ; ils gardent les lettres, instructions et circulaires qu'ils ont reçues.

Ils tiennent deux registres pour l'enregistrement par extrait de la correspondance à l'arrivée et au départ. (Circ. 310.)

ART. 4.

INTÉRIM. — CONGÉS.

Quand il n'y a qu'un seul inspecteur dans le département, l'intérim est confié à un contrôleur.

Il ne peut y avoir en congé dans un même département, en même temps, qu'un seul inspecteur du service général, sauf en cas de maladie. (Circ. 145, du 22 février 1808.) S'il n'y a qu'un inspecteur, il ne peut s'absenter en même temps que le directeur.

Les inspecteurs qui ne sont pas sédentaires et qui ne demandent pas une recette principale doivent passer par la sous-direction avant d'arriver à la direction. (Circ. 212, du 7 juillet 1877.)

CHAPITRE II.

INSPECTEUR SÉDENTAIRE.

L'inspecteur sédentaire doit prendre une large part aux opérations sur le terrain, régler la composition des sections, recevoir le public, donner suite aux réclamations ou provoquer la solution auprès du directeur.

Il vérifie l'entrepôt et toutes les opérations de la recette princi-

[illegible]

pale, examine les caisses et les écritures des comptables subordonnés et des buralistes; il se conforme, en ce qui concerne les bordereaux 86 F et 86 G, aux mêmes règles que les inspecteurs de département.

Il doit procéder au moins une fois par mois à la vérification complète et approfondie d'un des contrôles de sa circonscription et fournir à ce sujet un rapport 86 A.

Il annote les feuilles 107 de vérification des portatifs établis par les contrôleurs.

Il tient à jour le registre 86 B et produit en fin de trimestre le résumé de son travail 86 E, où il indique les faits saillants qui ont motivé son intervention.

A la fin du premier semestre de chaque année, il fait connaître, au cadre final des feuilles signalétiques 137 A dressées par les chefs de poste de sa circonscription, son appréciation personnelle sur chaque employé.

Il forme lui-même ces feuilles pour les comptables supérieurs, les contrôleurs, commis principaux de première classe et receveurs sédentaires ne relevant pas d'un contrôle.

En fin d'année, il dresse et remet au directeur le tableau d'avancement 137 C.

Tous les documents relatifs à l'exécution du service parviennent au directeur par son intermédiaire avec ses observations ou son visa.

Le plus ancien contrôleur de la résidence remplit, le cas échéant, l'intérim de l'emploi d'inspecteur sédentaire.

CHAPITRE III.

CONCOURS DES INSPECTEURS ORDINAIRES AU SERVICE DES SUCRES.

A défaut d'inspecteurs spéciaux, l'inspecteur ordinaire est chargé de la surveillance du service des sucres : il s'assure de l'exécution des services en permanence dans les fabriques et distilleries.

Partout il conserve dans ses attributions tout ce qui se rattache à l'exercice des brûleries ou distilleries maintenues sous la surveillance du service ordinaire. Il visite même les distilleries placées dans les circonscriptions des contrôles spéciaux des sucres, lorsque, dans le cours de ses tournées, il passe à proximité de ces usines. (L. C. 32, du 24 juillet 1875.)

Chaque mois, il dresse en double expédition un tableau 46 (service des sucres), sur lequel il indique le nombre et la durée de ses vérifications dans chaque sucrerie ou distillerie. Au verso, il mentionne la situation des travaux de l'usine au moment de son arrivée, fait connaître si les écritures sont au courant et bien tenues, si l'ordre est inscrit au registre 27, si le service prescrit est exécuté, si la répartition du travail est équitable, si les instruments et bascules sont en bon état.

Il vérifie sur place l'emploi du temps des contrôleurs spéciaux à l'aide des journaux 45 qui sont fournis par ces derniers et dont le directeur doit lui remettre les minutes.

Les tableaux 46 sont transmis de la même manière et aux mêmes dates que les journaux 45 A des inspecteurs spéciaux.

Le directeur transcrit sur la minute de ces tableaux les observations de l'Administration et réexpédie cette minute à l'inspecteur. (Circ. 249, du 28 octobre 1878.)

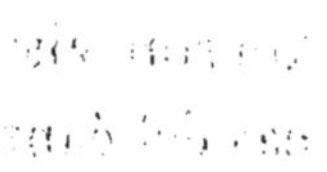

CHAPITRE IV.

INSPECTEURS SPÉCIAUX DES SUCRES ET DISTILLERIES.

Ces inspecteurs sont exclusivement chargés dans leurs circonscriptions respectives du contrôle supérieur des fabriques de sucre et des distilleries qui ne sont pas maintenues sous la surveillance du service ordinaire. (Circ. 17 et L. C. 32, du 24 juillet 1875.)

Ils ont la faculté de transférer temporairement d'un poste à un autre les agents du service des sucres et de soumettre au directeur des propositions relatives à l'organisation générale de ce service.

Lorsqu'ils ordonnent directement des mutations, ils en avisent

[illegible] [illegible] [illegible] [illegible]
[illegible] [illegible] [illegible] [illegible]
[illegible] [illegible] [illegible]
[illegible]

[illegible] [illegible] [illegible] [illegible]
[illegible] [illegible] [illegible]
[illegible] [illegible] [illegible]
[illegible] [illegible] [illegible] [illegible]
[illegible] [illegible] [illegible]
[illegible] [illegible] [illegible] [illegible]
[illegible] [illegible] [illegible] [illegible]
[illegible] [illegible]

[illegible] [illegible] [illegible] [illegible]
[illegible] [illegible] [illegible] [illegible]
[illegible] [illegible] [illegible]

[illegible] [illegible] [illegible] [illegible]
[illegible] [illegible] [illegible] [illegible]
[illegible] [illegible] [illegible]
[illegible] [illegible] [illegible] [illegible]
[illegible] [illegible] [illegible]

[illegible]

[illegible] [illegible] [illegible]

[illegible]
[illegible]
[illegible]
[illegible]
[illegible]
[illegible] [illegible] [illegible]
[illegible] [illegible] [illegible]

es chefs des circonscriptions administratives, pour assurer le payement des appointements des employés à leur nouvelle résidence. (Circ. 17.)

Ils vérifient chaque mois toutes les fabriques de leur circonscription, et, quand cette obligation n'est pas remplie, fournissent les explications nécessaires. (Inst. du 15 décembre 1853, § 180.)

L'inspecteur des sucres annote l'expédition des journaux 45 des contrôleurs spéciaux et conserve les minutes le temps nécessaire pour vérifier sur place l'emploi du temps des contrôleurs.

Il tient la main à ce que la permanence soit accomplie avec une rigoureuse exactitude. (L. C. 42, du 17 septembre 1875.)

Il se rend compte des modifications introduites dans l'outillage des usines ou les procédés de fabrication.

Il s'assure que les échantillons sont prélevés avec tout le soin désirable, combine son itinéraire en conséquence, prolonge au besoin de quelques heures son séjour dans les fabriques. Les journaux doivent contenir des traces fréquentes de ces vérifications et de leurs résultats. (L. C. 12, du 8 juin 1878.)

Il doit rechercher et combattre la fraude ; il s'assure de la rentrée des acquits et voit s'ils sont régulièrement déchargés. Un relevé des acquits délivrés est ouvert et tenu à jour dans chaque bureau pour lui faciliter cette tâche.

Le relevé des acquits en retard n° 14 lui est transmis à la fin de chaque mois ; il en remet une expédition certifiée au sous-directeur de la circonscription, chargé de l'apurement au même titre que de toutes les autres affaires contentieuses. (Circ. 983, du 28 décembre 1864.)

Il vise et transmet de même les relevés 32 établis pour assurer le contrôle des perceptions en matière de sucre.

Il annote l'état (formé par le receveur principal) des sommes pour lesquelles les redevables et leurs cautions peuvent être admis à souscrire des obligations. (Instruction du 15 décembre 1853, § 138.)

Il donne son avis sur les propositions de décharge des manquants constatés à la suite d'inventaires dans les distilleries. (Circ. 275 et 276, des 22 et 23 septembre 1879.)

Il fournit pour chaque mois et adresse au directeur le 10 du mois suivant un journal 45 A, qui se termine à la fin de mars et de septembre par un rapport général divisé en quatre parties : 1° travail personnel ; 2° état de la fabrication ; 3° situation du service ; 4° appréciation du travail des contrôleurs et de la conduite des employés.

Les observations de l'Administration qui concernent le service des sucres et distilleries sont transmises au directeur sur formules 44 et communiquées par lui à l'inspecteur, qui doit donner connaissance aux contrôleurs de celles qui les intéressent.

L'inspecteur spécial dresse des feuilles signalétiques 137 A pour tous ses subordonnés et forme en fin d'année le tableau d'avancement 137 C. (Circ. 17 et 212, du 7 juillet 1876.)

[illegible]